Erich Kästner

DER KLEINE MANN

Mit Illustrationen von Horst Lemke

CECILIE DRESSLER VERLAG · HAMBURG
ATRIUM VERLAG · ZÜRICH

Von Erich Kästner sind im Dressler Verlag außerdem erschienen:
Als ich ein kleiner Junge war
Das doppelte Lottchen
Emil und die Detektive
Emil und die drei Zwillinge
Erich Kästner erzählt (Sammelband)
Das fliegende Klassenzimmer
Der 35. Mai
Der kleine Mann und die kleine Miss
Die Konferenz der Tiere
Die lustige Geschichtenkiste
Pünktchen und Anton
Das Schwein beim Friseur
Das verhexte Telefon

In der Reihe Dressler Klassiker:
Don Quichotte
Der gestiefelte Kater
Gullivers Reisen
Münchhausen
Die Schildbürger
Till Eulenspiegel

27. Auflage
Cecilie Dressler Verlag, Hamburg
Atrium Verlag, Zürich
© Atrium Verlag, Zürich 1963
Titelbild und Illustrationen von Horst Lemke
Gesamtherstellung: Clausen & Bosse, Leck
Printed in Germany 2002
ISBN 3-7915-3017-8

www.cecilie-dressler.de

Das erste Kapitel

Meine erste Begegnung mit dem kleinen Mann / Pichelstein und die Pichelsteiner / Mäxchens Eltern wandern aus / Wu Fu und Tschin Tschin / Geburtsort: Stockholm / Vom Eiffelturm geweht / Zwei Chinesenzöpfe werden begraben / Professor Jokus von Pokus hält eine schöne Rede.

Er wurde der kleine Mann genannt und schlief in einer Streichholzschachtel. Eigentlich hieß er ja Mäxchen Pichelsteiner. Doch das wussten die allerwenigsten. Und auch ich wüsste es nicht, wenn er mir's nicht selber erzählt hätte. Das war, wenn ich mich nicht irre, in London. In Garlands Hotel. Und zwar im Frühstückszimmer mit den vielen bunten Vogelbauern an der Decke. So ein Gezwitscher! Man konnte kaum sein eignes Wort verstehen.

Oder war es in Rom? Im Hotel Ambassadore an der Via Veneto? Oder im Speisesaal des Hotels Excelsior in Amsterdam? Ich glaube, mein Gedächtnis lässt nach. Schade. Manchmal sieht es in meinem Kopf aus wie in einer unaufgeräumten Spielzeugkommode.

5

Eines steht jedenfalls fest: Mäxchens Eltern und Großeltern und Urgroßeltern und sogar die Urururgroßeltern stammten, alle miteinander, aus dem Böhmerwald, wo er am waldigsten ist. Dort gibt es einen hohen Berg und ein kleines Dorf, und beide heißen Pichelstein. Ich habe vorsichtshalber in meinem alten Lexikon nachgeschlagen. Dort steht klar und deutlich:

> *Pichelstein.* Böhmisches Dorf. 412 Einwohner. Winziger Menschenschlag. Größte Körperlänge 51 Zentimeter. Ursachen unbekannt. Berühmt durch Turnverein (T. V. Pichelstein, gegründet 1872) und das so genannte ›Pichelsteiner Fleisch‹ (Näheres siehe Band IV unter ›Eintopfgerichte‹). Alle Einwohner heißen seit Jahrhunderten Pichelsteiner. (Empfehlenswerte Literatur: ›Pichelstein und die Pichelsteiner‹ von Pfarrer Remigius Dallmayr, 1908, im Selbstverlag. Vergriffen.)

Ein seltsames Dorf, werdet ihr sagen. Aber ich kann's nicht ändern. Was in meinem alten Lexikon steht, stimmt fast immer.

Als Mäxchens Eltern ein Jahr verheiratet waren, beschlossen sie, ihr Glück zu machen. Sie hatten, so klein sie waren, große Rosinen im Kopf. Und weil das Dorf Pichelstein im Böhmerwald für ihre Pläne und Wünsche nicht ausreichte, fuhr das Ehepärchen mit Sack und Pack, nein, mit Säckchen und Päckchen, in die weite Welt hinaus.

Sie wurden, wohin sie auch kamen, gewaltig angestaunt. Die Leute sperrten den Mund auf und brachten ihn kaum wieder zu.

6

Denn Mäxchens Mutter war zwar eine bildhübsche junge Frau und sein Vater hatte einen prächtigen schwarzen Schnurrbart, aber sie waren nicht größer als zwei fünfjährige Kinder. Kein Wunder, dass man sich wunderte!

Was hatten sie vor? Sie wollten, weil sie so vorzüglich turnen konnten, Akrobaten werden. Und tatsächlich, nachdem sie dem Herrn Direktor Brausewetter vom ›Zirkus Stilke‹ am Reck und an den Schweberingen ihre Kunststücke vorgeführt hatten,

klatschte er begeistert in die weißen Glacéhandschuhe und rief:
»Bravo, ihr Knirpse! Ihr seid engagiert!« Das war in Kopenhagen. Im Tivoli. An einem Vormittag. In einem auf vier riesigen
Masten errichteten Zirkuszelt. Und Mäxchen lebte damals noch
gar nicht.

Obwohl seine Eltern in Pichelstein Vorturner gewesen waren,
mussten sie noch viel lernen und hart trainieren. Erst ein Vierteljahr später wurden sie der chinesischen Akrobatentruppe ›Fami-

lie Bambus‹ zugeteilt. Eigentlich war das ja keine richtige Fa
lie. Und richtige Chinesen waren's schon gar nicht. Die zwöl
flochtenen Zöpfe, die ihnen an den zwölf Hinterköpfen baumer-
ten, waren so echt wie falsches Geld. Doch als Artisten waren sie
erstklassig und gehörten zu den geschicktesten Jongleuren und
Akrobaten, die jemals in einem Zirkus aufgetreten sind.

Sie jonglierten mit zerbrechlichen Tellern und Tassen auf dün-
nen, wippenden Stäben aus gelbem Bambus so rasch, dass den
Zuschauern Hören und Sehen verging. Die Kleineren kletterten
wie die Wiesel an glatten armdicken Bambusstangen empor, die
von den größten und kräftigsten Chinesen hochgestemmt wurden,
und machten hoch oben Handstand und, bei gedämpftem Trommelwirbel, Kopfstand. Ja, sie drehten sogar, zehn Meter über der
Manege, Saltos! Sie überschlugen sich in der Luft, als sei's ein
Kinderspiel, und schon standen sie wieder mit beiden Füßen auf
den schwankenden Bambusspitzen und winkten lächelnd ins Publikum hinunter. Die Kapelle spielte einen dreifachen Tusch, und
die Leute klatschten, bis sie dicke rote Hände kriegten!

Mäxchens Eltern hießen jetzt, auf den Plakaten und in den Pro-
grammheften, Wu Fu und Tschin Tschin und trugen falsche Zöpfe
und bunt bestickte Kimonos aus knisternder Seide. Sie reisten mit
dem zusammengerollten Zirkuszelt, den Elefanten und Raubtie-
ren, den Feuerschluckern, Clowns und Trapezkünstlern, mit den
Araberhengsten, Stallburschen, Dompteuren, Balletteusen, Me-
chanikern, Musikanten und Herrn Direktor Brausewetter aus
einer Großstadt in die andere, hatten Erfolg, verdienten Geld
und freuten sich mindestens zwanzigmal am Tag, dass sie nicht
mehr in Pichelstein waren.

9

In Stockholm kam dann Mäxchen zur Welt. Er war so winzig klein, dass ihn die Krankenschwester um ein Haar mit dem Waschwasser in den Ausguss geschüttet hätte. Glücklicherweise brüllte er wie am Spieß, und so ging noch einmal alles gut. Der Stationsarzt betrachtete ihn lange durch ein Vergrößerungsglas, lächelte und sagte schließlich: »So ein hübscher und gesunder Junge! Ich gratuliere!«

Als Mäxchen sechs Jahre alt war, verlor er seine Eltern. Das war in Paris, und es geschah ganz plötzlich und unerwartet. Die beiden fuhren mit dem Lift auf den Eiffelturm, um die schöne Aussicht zu bewundern. Doch kaum dass sie auf der obersten Plattform standen, erhob sich ein Sturm, der sie in die Luft zerrte und im Nu fortwehte!

Die anderen Besucher konnten sich, da sie größer waren, an den Gittern der Brüstung festklammern.

Aber um Wu Fu und Tschin Tschin war es geschehen. Man sah noch, dass sie sich fest an der Hand hielten. Dann waren sie auch schon am Horizont verschwunden.

Tags darauf schrieben die Zeitungen: ›Zwei kleine Chinesen vom Eiffelturm geweht! Trotz Einsatz von Hubschraubern unauffindbar! Schwerer Verlust für Zirkus Stilke!‹

Am schwersten war der Verlust freilich für Mäxchen, der seine Eltern sehr, sehr lieb gehabt hatte. Er weinte viele winzige Tränen in seine winzigen Taschentücher. Und zwei Wochen später, als man auf dem Friedhof, in einem Elfenbeinkästchen, die zwei schwarzen Chinesenzöpfchen begrub, die ein portugiesischer Dampfer hinter den Kanarischen Inseln aus dem Ozean gefischt hatte, da wäre Mäxchen vor lauter Kummer am liebsten mitgestorben.

Es war ein seltsames Begräbnis. Alle Zirkusleute nahmen daran teil: die Familie Bambus in ihren Kimonos, der Dompteur der Löwen und Tiger mit einem Trauerflor an der Peitsche, der Kunstreiter Galoppinski auf seinem Rapphengst Nero, die Feuerschlucker mit brennenden Fackeln, der Herr Direktor

Brausewetter mit Zylinder und schwarzen Glacéhandschuhen, die Clowns mit ernst geschminkten Gesichtern und vor allem, als Redner, der berühmte Zauberkünstler Professor Jokus von Pokus.

Zum Schluss seiner feierlichen Ansprache sagte der Professor: »Die zwei kleinen Kollegen, um die wir trauern, haben uns ihr Mäxchen als Vermächtnis hinterlassen. Kurz vor ihrem verhängnisvollen Ausflug auf den Eiffelturm brachten sie den Jungen in mein Hotelzimmer und baten mich, auf ihn gut aufzupassen, bis sie wiederkämen. Heute wissen wir nun, dass sie nicht wiederkommen können. Deshalb werde ich auf ihn Acht geben müssen, solange ich lebe, und ich will es von Herzen gerne tun. Ist dir das recht, mein Kind?«

Mäxchen, der aus der Brusttasche des Zauberfracks heraus-schaute, rief schluchzend: »Jawohl, lieber Jokus! Es ist mir recht!«

Da weinten alle anderen vor Schmerz und Freude. Und den Clowns verschmierten die Tränen die Schminke in den Gesich-tern. Dann zauberte der Professor fünf große Blumensträuße aus der Luft und legte sie auf das kleine Elterngrab. Die Feuerschlu-cker steckten die brennenden Fackeln in den Mund, so dass die Flammen auslöschten. Die Zirkuskapelle spielte den Gladiato-renmarsch. Und schon liefen alle, vom Kunstreiter Galoppinski auf dem Rappen Nero angeführt, schnell ins Zirkuszelt zurück. Denn es war Mittwoch.

Und mittwochs, samstags und sonntags sind, wie jedermann weiß, auch am Nachmittag Vorstellungen. Für Kinder. Zu verbil-ligten Preisen.

DAS ZWEITE KAPITEL

Die Streichholzschachtel auf dem Nachttisch / Minna, Emma und Alba / Sechzig Gramm Lebendgewicht und trotzdem kerngesund / Der kleine Mann will in die Schule gehen / Ärger in Athen und Brüssel / Unterricht auf der Bockleiter / Bücher, klein wie Briefmarken.

Dass Mäxchen nachts in einer Streichholzschachtel schlief, habe ich wohl schon erzählt. Anstelle der sechzig Streichhölzer, die üblicherweise drinliegen, enthielt sie ein Maträtzchen aus Watte, ein kleines Stück Kamelhaardecke und ein Kopfkissen, nicht größer als der Nagel meines Mittelfingers. Und die Schachtel blieb halb geöffnet, weil ja der Junge sonst keine Luft gekriegt hätte.

Die Streichholzschachtel stand auf dem Nachttisch neben dem Bett des Zauberkünstlers. Und jeden Abend, wenn sich Professor Jokus zur Wand gedreht hatte und leise zu schnarchen begann, knipste Mäxchen das Lämpchen auf dem Nachttisch aus, und es dauerte nicht lange, dann schlief auch er.

Außer den beiden schliefen im Hotelzimmer noch die zwei Tauben Minna und Emma und, in seinem Spankorb, das weiße Kaninchen Alba. Die Tauben hockten oben auf dem Schrank. Sie hatten die Köpfe in die Brustfedern gesteckt, und wenn sie träumten, gurrten sie.

14

Die drei Tiere gehörten dem Professor und halfen ihm, wenn er im Zirkus auftrat. Dann flatterten die Tauben plötzlich aus seinen Frackärmeln, und das Kaninchen zauberte er aus dem leeren Zylinder.

Minna, Emma und Alba konnten den Zauberkünstler gut leiden, und in den kleinen Jungen waren sie geradezu vernarrt. Wenn sie morgens zu fünft gefrühstückt hatten, durfte sich Mäxchen sogar manchmal auf Emmas Rücken setzen, und dann machte sie mit ihm einen Rundflug durchs Zimmer.

Eine Streichholzschachtel ist sechs Zentimeter lang, vier Zentimeter breit und zwei Zentimeter hoch. Das war für Mäxchen gerade das Richtige. Denn er maß, auch mit zehn und zwölf Jahren noch, knapp fünf Zentimeter und passte genau hinein. Er wog, auf der Briefwaage des Hotelportiers, sechzig Gramm, hatte immer Appetit und war nie krank gewesen. Die Masern hatte er allerdings gehabt. Aber die Masern zählen eigentlich nicht. Die hat ja jedes zweite Kind.

Mit sieben Jahren hatte er natürlich in die Schule gehen wollen. Aber die Schwierigkeiten waren allzu groß gewesen. Erstens hätte er jedes Mal, wenn der Zirkus weiterzog, die Schule wechseln müssen. Und oft sogar die Sprache! Denn in Deutschland wurde ja deutsch unterrichtet, in England englisch, in Frankreich französisch, in Italien italienisch und in Norwegen norwegisch. Das hätte der kleine Mann vielleicht noch geschafft. Weil er gescheiter war als die meisten Kinder in seinem Alter. Dazu kam nun aber noch, dass seine Mitschüler allesamt viel, viel größer waren als er und dass sie sich einbildeten, Größersein sei etwas

15

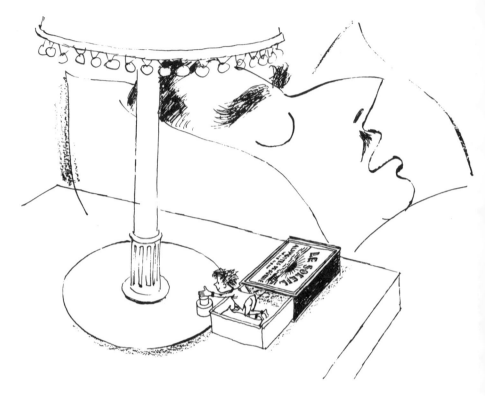

Besonderes. Deswegen hatte er mancherlei ausstehen müssen,
der Ärmste.

In Athen zum Beispiel war er einmal von drei kleinen Grie-
chenmädchen während der großen Pause in ein Tintenfass gesteckt worden. Und in Brüssel hatten ihn ein paar belgische Lüm-
mel auf die Gardinenstange gesetzt. Er war zwar gleich wieder
hinuntergeklettert. Denn klettern konnte er damals schon wie
kein Zweiter. Aber gefallen hatten ihm solche Dummheiten gar

nicht. Und so erklärte der Zauberkünstler eines Tages: »Weißt du was? Das Beste wird sein, wenn ich dir Privatstunden gebe.«

»O fein!«, rief Mäxchen. »Das ist eine gute Idee! Wann geht's los?«

»Übermorgen um neun«, sagte Professor Jokus von Pokus. »Aber freu dich nicht zu früh!«

Es brauchte einige Zeit, bis die beiden herausfanden, wie sie es am geschicktesten anstellen mussten. Aber allmählich kamen sie dahinter, und nun machte ihnen der Unterricht von Tag zu Tag immer mehr Spaß. Das Wichtigste außer dem Lesebuch und dem Schreibheft waren eine Bockleiter mit fünf Stufen und eine scharfe Lupe.

Beim Lesenlernen kraxelte Mäxchen auf die höchste Sprosse der Leiter, weil ja die Buchstaben, wenn er mit der Nase vorm Buch saß, für ihn viel zu groß waren. Erst wenn er auf der Leiter hockte, konnte er das Gedruckte bequem überblicken.

Beim Schreiben war es ganz anders. Dann setzte er sich an ein winziges Pult. Das winzige Pult stand oben auf dem großen Tisch. Und der Professor saß neben dem Tisch und betrachtete Mäxchens Krikelkrakel durch die Lupe. Sie vergrößerte das Geschriebene um das Siebenfache, und nur so konnte er die Buchstaben und Wörter überhaupt erkennen. Ohne die Lupe hätten er und der Zimmerkellner und das Stubenmädchen das Geschreibsel für Tintenspritzer oder Fliegendreck gehalten. Dabei waren es, wie man durch die Lupe ganz deutlich sehen konnte, hübsche und zierliche Schriftzeichen.

Beim Unterricht im Rechnen war es nicht anders. Auch bei den

Zahlen brauchten sie die Leiter und die Lupe. Und so war Mäxchen, was er auch lernte, immer unterwegs. Bald saß er auf der Leiter, bald an seinem Pult auf dem Tisch.

Eines schönen Vormittags sagte der Zimmerkellner, der das Frühstücksgeschirr wegtragen wollte: »Wenn ich nicht genau wüsste, dass der Junge lesen und schreiben lernt, dächte ich bestimmt, er hätte Turnstunde.« Da mussten sie alle lachen. Auch Minna und Emma, die auf dem Schrank saßen, lachten mit. Denn es waren Lachtauben.

Mit dem Buchstabieren hielt sich Mäxchen nicht lange auf. Schon nach kurzer Zeit las er so flink, als hätte er's schon immer gekonnt. Und nun wurde er im Handumdrehen zur Leseratte. Das erste Buch, das ihm Jokus von Pokus schenkte, waren Grimms Märchen. Und womöglich hätte er sie in einer knappen Woche ausgelesen gehabt, wenn nicht die verflixte Bockleiter gewesen wäre!

Jedes Mal, wenn er umblättern musste, blieb ihm gar nichts weiter übrig, als die Leiter hinunterzuklettern, auf den Tisch zu hopsen, die Seite umzuwenden und die Leiter wieder hochzukrabbeln. Erst dann erfuhr er, wie das Märchen weiterging. Und zwei Seiten später musste er schon wieder zum Buch hinunter! So ging das in einem fort: umblättern, die Leiter hoch, zwei Seiten lesen, die Leiter hinunter, auf den Tisch, schnell umblättern, die Leiter hinauf, die nächsten zwei Seiten lesen, die Leiter hinunter, umblättern, hinauf – es war zum Auswachsen!

Eines Nachmittags kam der Professor gerade dazu, wie der Junge zum dreiundzwanzigsten Mal die Leiter hochkraxelte, sich wütend die Haare raufte und schrie: »Das ist ja fürchterlich! Warum gibt es denn, um alles in der Welt, keine kleineren Bücher? Mit klitzekleinen Buchstaben?«

Erst musste der Professor über Mäxchens Zorn lachen. Dann wurde er nachdenklich und meinte: »Eigentlich hast du ganz Recht. Und wenn es solche Bücher noch nicht gibt, werden wir sie für dich drucken lassen.«

»Gibt es denn jemanden, der das kann?«, fragte der Junge.

»Ich habe keine Ahnung«, sagte der Zauberkünstler. »Aber im März gastiert der Zirkus in München. Dort lebt der Uhrmacher Unruh. Bei dem werden wir uns erkundigen.«

»Und wieso weiß es der Uhrmacher Unruh?«

»Ich weiß nicht, ob er es weiß. Aber er könnte es wissen, weil er sich mit solchen Dingen beschäftigt. So hat er vor zehn Jahren Schillers ›Lied von der Glocke‹ auf die Rückseite einer Briefmarke geschrieben. Und das Gedicht ist immerhin 425 Zeilen lang.«

»Donnerwetter!«, rief Mäxchen begeistert. »Bücher, nicht größer als Briefmarken, das wäre für mich genau das Richtige!«

Um es kurz zu machen: Der Uhrmacher Unruh kannte tatsächlich eine Druckerei, die so kleine Bücher drucken konnte! Das war allerdings ein teurer Spaß. Doch der Professor verdiente als Zauberkünstler eine ganze Menge Geld, und Mäxchens Eltern hatten Ersparnisse hinterlassen. So dauerte es gar nicht lange, und der Junge hatte eine hübsche winzige Bibliothek beisammen.

Nun brauchte er nicht mehr auf der Leiter herumzuturnen, sondern konnte sich's beim Lesen bequem machen. Am liebsten las er abends, wenn er in der Streichholzschachtel lag und der Professor eingeschlafen war und leise vor sich hin schnarchte. Ach, war das gemütlich! Oben auf dem Schrank gurrten die beiden Tauben. Und Mäxchen schmökerte in einem seiner Lieblingsbücher, im ›Zwerg Nase‹, im ›Kleinen Däumling‹, im ›Nils Holgersson‹ oder, am allerliebsten, im ›Gulliver‹.

Manchmal knurrte der Professor im Halbschlaf: »Lösche das Licht aus, du Bengel!«

Dann flüsterte Mäxchen: »Sofort, Jokus!« Mitunter dauerte das Sofort eine halbe Stunde. Aber schließlich knipste er die Lampe dann doch aus, schlief ein und träumte von Gulliver im Lande Liliput, wo ihn die Bewohner für einen Riesen hielten.

Und dieser Riese, der über die Stadtmauern stieg und die feindliche Kriegsflotte kaperte, war natürlich kein anderer als Mäxchen Pichelsteiner.

DAS DRITTE KAPITEL

Er will Artist werden / Lange Menschen und große Menschen sind nicht ein und dasselbe / Ein Gespräch in Straßburg / Über den Beruf des Dolmetschers / Der Plan des Professors scheitert an Mäxchens Starrsinn.

Je älter der kleine Mann wurde, umso öfter unterhielten sie sich darüber, was er einmal werden wolle. Jedes Mal erklärte er: »Ich will zum Zirkus. Ich werde Artist.« Und jedes Mal schüttelte der Professor den Kopf und sagte: »Aber Junge, das geht doch nicht! Dafür bist du ja viel zu klein!«

»Du redest manchmal so und manchmal anders«, murrte Mäxchen. »Immer wieder erzählst du mir, wie viele berühmte Männer klein gewesen sind. Napoleon und Julius Caesar und Goethe und Einstein und ein Dutzend andere. Du hast auch gesagt, lange Menschen seien nur ganz selten große Menschen! Ihre Kraft schießt ins Kraut, hast du gesagt, und wenn sie zwei Meter lang sind, bleibt für ihr Gehirn nicht mehr viel übrig.«

Der Professor kratzte sich am Kopf. Schließlich erklärte er:

»Trotzdem wären Caesar und Napoleon und Goethe und Einstein keine guten Artisten geworden. Caesar hatte so kurze Beine, dass er kaum auf dem Pferd sitzen konnte!«

»Ich will ja gar nicht auf einem Pferd sitzen«, antwortete der Junge ärgerlich. »Waren meine Eltern schlechte Artisten?«

»Behüte! Sie waren erstklassig!«

»Und waren sie groß?«

»Nein. Sie waren sogar sehr klein.«

»Also, lieber Jokus?«

»Da gibt's kein Also«, sagte der Zauberkünstler. »Sie waren klein, aber du bist zehnmal kleiner. Du bist zu klein! Das Publikum würde dich, wenn du in der Manege stündest, überhaupt nicht sehen!«

»Dann sollen sie Operngläser mitbringen«, erklärte der kleine Mann.

»Weißt du, was du bist?«, fragte der Jokus grimmig. »Du bist ein großer Dickschädel.«

»Nein. Ich bin ein kleiner Dickschädel, und ...«

»Und?«, fragte der Professor gespannt.

»Und ich werde Artist!«, rief Mäxchen so laut, dass Alba, dem weißen Kaninchen, das grüne Salatblatt, an dem es knabberte, vor Schreck aus dem Maul fiel.

Eines Abends saßen sie, nach der Zirkusvorstellung, im Restaurant ihres Hotels in Straßburg, und der Herr Professor Jokus von Pokus ließ sich die getrüffelte Gänseleberpastete gut schmecken. Er aß meist erst nach der Vorstellung, weil ihm, wenn er vorher aß, der Frack zu eng wurde. Und das störte ihn beim Zaubern.

Denn in seinem Frack steckten ja vielerlei Dinge. Zum Beispiel vier Päckchen Spielkarten, fünf Blumensträuße, zwanzig Rasierklingen und acht brennende Zigaretten. Außerdem die Tauben Minna und Emma, das weiße Kaninchen Alba und alles, was er sonst noch für seine Kunststücke brauchte. Da ist es besser, wenn man mit dem Abendbrot wartet.

Jetzt saß er also am Tisch, aß Straßburger Gänseleberpastete und geröstetes Brot, und Mäxchen saß, dicht neben dem Teller, oben auf dem Tisch und ließ sich kleine Brocken abgeben. Dann gab es ein Wiener Schnitzel, Fruchtsalat und schwarzen Kaffee. Sogar vom Kaffee bekam der kleine Mann ein Viertelschlückchen. Schließlich waren sie satt und zufrieden und streckten die Beine von sich, der Professor unterm Tisch und der kleine Mann auf dem Tisch.

»Ich weiß jetzt, was du wirst«, sagte der Jokus, nachdem er einen bildschönen weißen Ring aus Zigarrenrauch in die Luft geblasen hatte.

Mäxchen blickte bewundernd hinter dem Rauchkringel her, der immer größer und dünner wurde, bis er am Kronleuchter zerflatterte. Dann meinte er: »Du weißt es erst jetzt? Ich weiß es schon immer. Ich werde Artist.«

»Nein«, knurrte der Professor. »Du wirst Dolmetscher!«

»Dolmetscher?«

»Das ist ein sehr interessanter Beruf. Du kannst jetzt bereits Deutsch und ziemlich viel Englisch und Französisch und ein bisschen Italienisch und Spanisch und ...«

»Holländisch und Schwedisch und Dänisch«, fuhr der kleine Mann fort.

»Eben, eben«, sagte der Professor eifrig. »Wenn wir noch ein paar Jahre mit dem Zirkus in Europa herumkutschiert sind, wirst du alle diese Sprachen noch viel besser sprechen. Dann machst du in Genf, in der berühmten Dolmetscherschule, deine Prüfung. Und sobald du sie bestanden hast, fahren wir zusammen nach Bonn. Dort lebt ein guter Freund von mir.«

»Ist der auch Zauberkünstler?«

»Nein, der ist etwas viel Besseres. Er ist Beamter. Er ist Pressechef in der Bundeskanzlei. Dem zeige ich dein Genfer Diplom, und dann wirst du, wenn alles klappt, Dolmetscher beim Auswärtigen Amt oder sogar beim Bundeskanzler selber. Das ist der wichtigste und mächtigste Mann. Und weil er oft im Ausland ist und mit anderen Kanzlern sprechen muss, braucht er einen tüchtigen Dolmetscher.«

»Aber keinen Däumling!«

»Doch, doch!«, entgegnete der Professor. »Je kleiner, umso besser! Er nimmt dich zum Beispiel nach Paris mit, weil er mit dem französischen Präsidenten etwas bereden muss. Etwas ganz Geheimes. Etwas furchtbar Wichtiges. Weil der deutsche Kanzler aber die französische Sprache nicht gut versteht, braucht er einen Übersetzer, der ihm erklärt, was der französische Präsident sagt.«

»Und das soll ausgerechnet ich sein?«

»Jawohl, mein Kleiner!«, erklärte der Professor. Er war von seinem Einfall sehr angetan. »Du setzt dich in das Ohr des Kanzlers und flüsterst ihm jedes Mal auf Deutsch zu, was der Präsident auf Französisch gesagt hat.«

»Da fall ich ja runter«, sagte Mäxchen.

»Nein. Erstens hat er vielleicht so große Ohren, dass du in seiner Ohrmuschel sitzen kannst.«

»Und zweitens? Wenn er nun niedliche Öhrchen hat?«

»Dann hängt er sich eine feine, dünne Goldkette ums Ohrläppchen, du setzt dich in die Kette, wirst Ministerialrat Max Pichelsteiner, und die Leute nennen dich ehrfürchtig ›den Beamten, der dem Ohr des Kanzlers am nächsten ist‹. Wäre das nicht schön?«

»Nein!«, sagte Mäxchen energisch. »Das fände ich grässlich! Ich werde kein kleiner Mann im Ohr. Nicht in Deutschland, nicht in Frankreich und nicht am Nordpol. Du vergisst die Hauptsache.«

»Und was ist die Hauptsache?«

»Ich werde Artist.«

DAS VIERTE KAPITEL

Der kleine Mann will Dompteur werden / Sind Löwen denn keine Katzen? / Abenteuer mit Hackfleisch und Peitsche / Mäxchen im Zahnputzglas / Bericht von einem außergewöhnlichen Fußballspiel / Der Jokus springt durch einen brennenden Reifen.

Als der Zirkus Stilke wieder einmal in Mailand gastierte, sagte Mäxchen am dritten Tage ganz aufgeregt:»Jokus, hör zu, die Hotelkatze hat Junge. Vier Stück. Sie sind acht Wochen alt und hüpfen im Zimmer 228 von den Sesseln auf den Tisch, und wenn sie oben sind, hüpfen sie wieder herunter.«

»Na ja«, meinte der Professor,»ich halte das für ganz vernünftig. Sie können doch nicht dauernd auf dem Tisch bleiben!«

Doch der kleine Mann hatte heute keinen Sinn für Späße.»Das Stubenmädchen hat sie mir gezeigt«, erzählte er eifrig.»Sie sind gestreift und sehen aus wie viel zu kleine Tiger.«

»Haben sie dich gekratzt?«

»Überhaupt nicht!«, versicherte der Junge.»Wir waren sogar sehr nett zueinander. Sie haben geschnurrt, und ich hab sie mit ein bisschen Hackfleisch gefüttert.«

Der Professor musterte ihn von der Seite. Dann fragte er:»Was hast du vor? Hm? Was führst du im Schilde? Heraus mit der Sprache!«

Mäxchen holte tief Luft und erklärte nach einer Pause:»Ich werde sie dressieren und im Zirkus vorführen.«

»Wen? Das Stubenmädchen?«

»Nein!«, rief der Junge erbost.»Die Kätzchen!«

Jokus von Pokus setzte sich verblüfft auf den Stuhl und schwieg zwei bis drei Minuten. Schließlich schüttelte er den Kopf, seufzte und sagte:»Katzen kann man nicht dressieren. Ich dachte, du wüsstest das.«

Mäxchen lächelte siegesgewiss. Dann fragte er:»Sind die Löwen keine Katzen?«

»Doch, doch. Sie gehören zu den Raubkatzen. Da hast du Recht.«

»Und die Tiger? Und die Leoparden?«

»Das sind auch Raub- und Großkatzen. Da hast du schon wieder Recht.«

»Setzen sie sich, wenn der Dompteur es will, auf hohe Podeste? Springen sie durch Reifen?«

»Sogar durch brennende Reifen«, ergänzte der Professor.

Der Junge rieb sich vergnügt die Hände.»Da hast du's!«, rief er triumphierend.»Wenn man so riesige Katzen dressieren kann, dann kann man doch Kätzchen erst recht dressieren!«

»Nein«, sagte der Professor energisch,»das kann man eben nicht!«

»Und warum nicht?«

»Ich habe keine Ahnung.«

»Aber ich weiß den Grund«, erklärte Mäxchen stolz.

»Nun?«

»Weil es noch kein Mensch versucht hat!«

»Und du willst es versuchen?«

»Jawohl! Ich habe schon einen Namen für die Nummer! Auf den Plakaten wird stehen ›Mäxchen und seine vier Kätzchen, der atemraubende erstmalige Dressurakt!‹ Vielleicht erscheine ich mit einer schwarzen Maske! Und eine Peitsche zum Knallen brauche ich außerdem. Aber die hab ich schon. Ich nehme die Peitsche von meiner alten Spielzeugkutsche.«

»Na, dann viel Spaß, junger Freund!«, sagte der Herr von Pokus und schlug die Zeitung auf.

Schon am nächsten Morgen stellte das Stubenmädchen vier niedrige Fußbänke ins Zimmer 228. Die vier kleinen Katzen schnupperten neugierig an den Bänkchen herum, trollten sich aber bald wieder in ihren Korb zurück und rollten sich faul zusammen.

Dann erschien der Etagenkellner. In der linken Hand trug er einen Teller mit Schabefleisch, in der rechten Hand hielt er Mäxchen. Und dieser hielt in der rechten Hand die lackierte Spielzeugpeitsche und in der linken einen spitzen Zahnstocher. »Zum Abwehren der Raubtiere«, erklärte er. »Falls sie den Dompteur angreifen sollten. Und fürs Aufspießen vom Futter.«

»Soll ich hier bleiben?«, fragte der Kellner freundlich.

»Nein, bitte nicht«, sagte der kleine Mann. »Das erschwert die Dressur. Es lenkt die Tiere ab.«

Der Kellner ging also wieder.

Der Dompteur war mit seinen vier Opfern allein. Sie blinzelten zu ihm hin, gähnten lautlos, streckten sich und begannen einander zu putzen, als wären sie seit einer Woche nicht mehr gewaschen worden.

29

»Jetzt hört einmal gut zu«, rief der Junge schneidig. »Mit dem faulen Leben ist es vorbei. Ab heute wird gearbeitet. Habt ihr mich verstanden?«

Sie putzten sich weiter und taten, als seien sie schwerhörig. Er pfiff. Er schnalzte mit der Zunge. Er klemmte die Lackpeitsche unter den Arm und schnippte mit den Fingern. Er klemmte den Zahnstocher unter den anderen Arm und klatschte in die Hände. Er knallte mit der Peitsche. Er stampfte mit dem Fuß auf. Die Katzen stellten nicht einmal die Ohren hoch.

Erst als Mäxchen mithilfe des Zahnstochers einige Brocken Fleisch auf die Fußschemel bugsiert hatte, wurden die vier lebendig. Sie hüpften aus dem Korb heraus, sprangen auf die Schemel, verschlangen die Bröckchen, leckten sich die Lippen und blickten ihren Dompteur erwartungsvoll an.

»So ist's recht!«, rief er begeistert. »Bravo! Nun müsst ihr Männchen machen! Allez hopp! Die Vorderpfoten hoch!« Er stieß die Peitsche in die Luft.

Aber die Kätzchen hatten ihn wohl missverstanden. Oder sie hatten gerochen, dass es im Zimmer 228 noch mehr Hackfleisch gab. Jedenfalls sprangen sie in hohem Bogen von den Schemeln hinunter, liefen schnurstracks zum Teller und machten sich darüber her, als seien sie kurz vorm Verhungern.

»Nein!«, schrie der kleine Mann empört. »Lasst das sein! Auf der Stelle! Könnt ihr denn nicht hören?«

Sie konnten nicht hören. Sogar wenn sie gewollt hätten. Doch sie wollten ja gar nicht. Sie schmatzten, dass der Teller zitterte.

Mäxchen zitterte noch viel mehr. Aber er zitterte vor Zorn.

»Das Schabefleisch kriegt ihr erst später! Vorher müsst ihr

Männchen machen! Und im Gänsemarsch laufen! Und von einem Schemel auf den nächsten springen! Habt ihr mich verstanden?« Er schlug mit der Peitsche auf den Teller.

Da nahm ihm eine der Katzen die hübsche Lackpeitsche weg und biss sie mittendurch.

Als Professor Jokus von Pokus, in Gedanken versunken, den Hotelkorridor entlangkam, hörte er aus dem Zimmer 228 kleine spitze Hilferufe. Er riss die Tür auf, schaute sich suchend um und begann zu lachen.

Die vier Katzen saßen unten vor dem Waschbecken und blickten gespannt in die Luft. Ihre Schnurrbärtchen waren gesträubt. Die Schwänzchen klopften den Fußboden. Und oben, auf dem Beckenrand, hockte Mäxchen in einem Zahnputzglas und weinte.

»Hilf mir, lieber Jokus!«, rief er. »Sie wollen mich fressen!«

»Ach Unsinn!«, sagte der Professor. »Du bist doch nicht aus Hackfleisch! Und eine Maus bist du auch nicht!« Dann holte er den Jungen aus dem Zahnputzglas heraus und betrachtete ihn gründlich und von allen Seiten. »Dein Anzug ist ein bisschen zerrissen, und auf der linken Backe hast du einen Kratzer. Das ist alles.«

»So ein Gesindel!«, schimpfte Mäxchen. »Erst haben sie meine Peitsche zerbrochen und den Zahnstocher zerkaut, und dann haben sie Fußball gespielt!«

»Wer war denn der Fußball?«

»Ich! Ach, lieber Jokus! Sie haben mich in die Luft geworfen und aufgefangen und unters Bett geschossen und wieder vorgeholt und übers Parkett getrieben und wieder hoch in die Luft geschleudert und wieder unters Bett geschossen und vorgeholt und unterm Teppich verbuddelt und wieder herausgeangelt, es war furchtbar! Wenn ich nicht das Handtuch erwischt hätte und aufs Waschbecken und ins Zahnputzglas geklettert wäre, wer weiß, ob ich noch lebte!«

»Armer Kerl«, meinte der Professor. »Doch nun ist es ja vorbei. Jetzt wasch ich dich und bring dich ins Bett.«

Die vier Kätzchen blickten verdrossen hinter dem Professor drein. Es kränkte sie, dass ihnen der große Mann den kleinen

Fußball weggenommen hatte, der so hübsch brüllte, wenn man mit ihm spielte. Dann dehnten sie die Hinterbeine, spazierten zu dem Teller hinüber und steckten die Nasen hinein. Aber der Teller war und blieb ratzeputzeleer.

Die Gescheiteste der vier dachte: ›Pech gehabt!‹, und rollte sich auf dem Bettvorleger wie eine Brezel zusammen. Kurz bevor sie einnickte, dachte sie noch: ›Fressen kann man nur, wenn einem jemand was bringt. Schlafen ist einfacher. Das kann man ohne wen.‹

Mäxchen saß inzwischen vergrämt in seiner Streichholzschachtel, hatte ein Pflaster auf der Backe und trank aus seiner winzig kleinen Meißner Porzellantasse heiße Schokolade.

Der Professor hatte eine Lupe ins Auge geklemmt und stopfte die Löcher in Mäxchens Anzug.

»Und du weißt ganz bestimmt und genau, dass man Katzen nicht dressieren kann?«, fragte der kleine Mann.

»Ganz bestimmt und genau.«

»Ob sie dümmer sind als die Löwen und die Tiger?«

»Kein Gedanke!«, sagte der Professor überzeugt. »Es macht ihnen ganz einfach keinen Spaß. Ich kann das gut verstehen. Mir machte es auch keinen Spaß, durch brennende Reifen zu springen.«

Mäxchen musste lachen. »Das ist eigentlich schade! Stell dir einmal vor: Lauter Tiere als Zuschauer! Kängurus und Bären und Seelöwen und Pferde und Pelikane! Stell dir das mal vor! Alle Plätze ausverkauft!« Er zog sich vor Vergnügen an den Haaren und rief: »So! Und nun lüge du weiter!«

»Also gut«, sagte der Professor. »Im Orchester trompeten die Elefanten einen Tusch. Dann betritt der Löwe die Manege. Er hat eine Peitsche in der Pfote und einen Zylinder auf der gelben Mähne. Es wird mucksmäuschenstill. Vier ernste Tiger rollen einen Käfig in die Manege. In dem Käfig sitzt ein Herr im Frack und knurrt.«

»Schön!« Mäxchen rieb sich die Hände. »Der Herr bist du!«

»Jawohl. Der Löwe zieht schwungvoll den Zylinder, verbeugt sich und ruft: ›Jetzt, verehrtes Tierpublikum, sehen Sie die Attraktion unsres Programms! Es ist mir gelungen, einen Menschen zu dressieren. Es ist ein sehr gebildeter Mensch. Sein Name ist Professor Jokus von Pokus. Er springt vor Ihren Augen durch einen brennenden und mit Papier bespannten Reifen! Ich bitte

die Spechte der Kapelle um einen gedämpften Trommelwirbel!‹ Die Spechte trommeln. Der Käfig öffnet sich. Zwei Tiger halten einen Reifen in die Luft. Der Löwe knallt mit der Peitsche. Ich komme langsam aus dem Käfig heraus und schimpfe. Der Löwe knallt noch einmal mit der Peitsche. Ich klettre auf ein Podest und schimpfe noch mehr. Ein Glühwürmchen zündet den Reifen an. Er beginnt zu brennen. Der Löwe haut mir mit dem Peitschenstiel eins über den Hosenboden. Ich brülle vor Wut. Er haut mich wieder. Und jetzt springe ich mit einem einzigen Satz durch den brennenden Reifen. Das Papier zerplatzt. Die Flammen zucken. Es ist gelungen! Die Elefanten trompeten. Die Spechte trommeln. Ich erhebe mich aus dem Sand, klopfe mir die Hosen sauber und mache einen tiefen Diener.«

»Und alle Tiere im Zirkus klatschen wie wild«, rief der kleine Mann begeistert, »und der Löwe gibt dir zur Belohnung ein Kalbskotelett!«

»Und du schläfst jetzt, junger Freund!«, befahl der Professor. Er sah auf die Armbanduhr. »Es ist Mittwoch, und ich muss zur Nachmittagsvorstellung.«

»Zaubre schön!«, sagte Mäxchen. »Und noch eins!«

»Was denn?«

»Mit den vier Katzen war es leider nichts.«

»Nein.«

»Aber eins steht trotzdem fest. Ich werde Artist!«

DAS FÜNFTE KAPITEL

Ein Schaufensterbummel und eine Schaufensterpuppe / Der Verkäufer fällt in Ohnmacht / Ein Herrengeschäft ist schließlich kein Krankenhaus / Der Unterschied zwischen Staatsmann und Milchmann.

An einem heißen Tag im Juli schlenderten die beiden gemächlich durch den Berliner Westen und betrachteten die Schaufenster. Eigentlich schlenderte ja der Professor ganz allein. Mäxchen schlenderte nicht, sondern stand in des Professors äußerer Brusttasche. Er hatte die Arme auf den Taschenrand gelehnt, als sei die Tasche ein Balkon, und interessierte sich besonders für die Spielzeugläden, Delikatessgeschäfte und Buchhandlungen. Aber es ging nicht immer nach seinem Kopf. Dem Professor gefielen auch Auslagen mit Schuhen, Hemden, Krawatten, Zigarren, Schirmen, Weinflaschen und allem Möglichen.

»Bleib doch nicht so lange vor der Drogerie stehen«, bat der Junge. »Wir wollen weitergehen!«

37

»Wir?«, fragte der Jokus. »Wieso wir? Meines Wissens geht nur einer von uns beiden, und das bin ich. Du gehst? Keine Spur, mein Goldkind. Du gehst nicht. Du wirst gegangen. Ich habe dich völlig in der Hand.«

»Nein«, sagte der Kleine. »Aber du hast mich in der Tasche!« Darüber mussten sie lachen. Und die Leute drehten sich um. Ein dicker Berliner stieß seine Frau an und murmelte: »Das ist ja komisch, Rieke! Der Mann lacht zweistimmig!«

»Nun, lass ihm schon seinen Spaß!«, gab Rieke zur Antwort. »Vielleicht ist er Bauchredner.«

Vor einem Schaufenster mit Herrenbekleidung blieb der Professor wieder ziemlich lange stehen. Er betrachtete die Schaufensterpuppen mit den hübschen Anzügen, ging ein paar Schritte weiter, kehrte um, musterte die Dekoration von neuem, versank in Nachdenken, nickte dreimal sehr heftig und sagte laut zu sich selber: »Das ist gar keine dumme Idee!«

»Was ist gar keine dumme Idee?«, fragte Mäxchen neugierig.

Doch der Professor antwortete nicht, sondern betrat spornstreichs das Geschäft und erklärte dem geschniegelten Verkäufer, ehe der den Mund aufmachen konnte: »Ich möchte den marineblauen Anzug aus dem Fenster haben. Den Einreiher für 295 Mark.«

»Gern, mein Herr. Aber ich glaube nicht, dass er Ihnen passen wird.«

»Das verlange ich auch gar nicht von dem Anzug«, knurrte der Professor.

»Vielleicht sind einige Änderungen nötig«, meinte der Verkäufer höflich. »Ich werde den Schneider aus dem Atelier herunterkommen lassen.«

»Er soll ruhig oben bleiben.«

»Es geht ganz geschwind, mein Herr.«

»Wenn er nicht kommt, geht es noch geschwinder.«

»Aber unsere Firma legt größten Wert darauf, dass die Kunden zufrieden gestellt werden«, bemerkte der Verkäufer leicht verstimmt.

»Das ist lobenswert«, sagte der Professor. »Doch ich will Ihren marineblauen Einreiher ja gar nicht anziehen! Ich will ihn doch nur kaufen!«

»In diesem Falle wäre zu empfehlen, dass sich der betreffende Herr zu uns bemühte, für den der Anzug gedacht ist«, schlug der Angestellte vor. »Oder Sie geben uns die Adresse an, und wir schicken einen unsrer Schneider hin. Das kann noch heute Nachmittag geschehen.« Er zückte den Notizblock, um die Adresse aufzuschreiben.

Der Professor schüttelte energisch den Kopf. »Ihr blauer einreihiger Anzug draußen in der Auslage ist weder für mich noch für irgendeinen anderen lebendigen Menschen bestimmt.«

Der Verkäufer wurde blass und trat einen Schritt zurück. Dann stöhnte er: »Für keinen Lebendigen, mein Herr? Also für einen – Toten? Oh!« Er holte tief Luft und fuhr fort: »Welche Größe hat, bitte, der werte Verstorbene? Auch ihm müsste ja der Anzug einigermaßen passen! Sonst könnten wir einen unserer Schneider ...«

»Unsinn!«, sagte der Professor grob. Dann besänftigte er sich wieder. »Sie wissen natürlich nicht, worum sich's handelt.«

»Es scheint so«, gestand der völlig verängstigte Verkäufer. Er hielt sich am Ladentisch fest, weil ihm die Knie zitterten. Der arme Kerl wackelte wie Pudding.

»Die Hauptsache ist, dass der Anzug Ihrer Schaufensterpuppe passt. Das tut er doch?«

»Selbstverständlich, mein Herr.«

»Ich will nämlich den Anzug samt der Puppe kaufen«, erklärte der Professor. »Ohne die Puppe, die den Einreiher anhat, interessiert mich auch der Anzug nicht.«

Ehe sich der Angestellte ein wenig erholen konnte, fragte eine Stimme, die er vorher noch gar nicht gehört hatte: »Wozu brauchst du denn die große Puppe mit dem blonden Schnurrbart?«

Der Verkäufer starrte entgeistert auf die Brusttasche des seltsamen Kunden. Mäxchen nickte dem Manne freundlich zu und sagte: »Erschrecken Sie bitte nicht!«

»Doch!«, wimmerte der Verkäufer. »Erst ein Anzug für einen Toten samt der Puppe im Fenster und nun noch ein Heinzelmännchen im Jackett – das ist zu viel!« Er verdrehte die Augen und sank auf den Teppich.

»Ist er tot?«, fragte der Junge.

»Nein, er ist nur ohnmächtig«, antwortete der Jokus und winkte dem Geschäftsführer.

»Und wozu brauchen wir die Schaufensterpuppe wirklich?«, fragte der Kleine.

»Das erzähle ich dir später«, sagte der Jokus.

Nachdem der Geschäftsführer herbeigeeilt war und seinen Verkäufer auf einen Stuhl gehoben hatte, damit er dort wieder zu sich

40

käme, trug der Professor erneut seine Wünsche vor. »Ich möchte den marineblauen Einreiher samt der Puppe kaufen, die ihn trägt. Außerdem auch das Hemd, das sie anhat, die Krawatte, die Hosenträger, die Schuhe und die Socken. Was kostet das, bitte?«

Der Geschäftsführer antwortete unsicher: »Das weiß ich nicht genau, mein Herr.«

Der Verkäufer bewegte die blassen Lippen und stammelte: »512 Mark. Bei Barzahlung ein Prozent Skonto. Verbleiben 506

Mark 88 Pfennige.« Man sieht, es war ein tüchtiger Verkäufer. Dann rutschte er vom Stuhl.

»Er ist wieder in die Ohnmacht gefallen«, stellte Mäxchen sachlich fest.

Als der Geschäftsführer die neue Stimme hörte und den kleinen Jungen in dem großen Jackett sah, kriegte er Stielaugen und klammerte sich verzweifelt an der Stuhllehne fest.

»Fällt dieser Herr jetzt auch in Ohnmacht?«, fragte Mäxchen erwartungsvoll.

»Hoffentlich nicht!«, meinte der Professor. »Ein Herrenbekleidungsgeschäft ist ja schließlich kein Krankenhaus!«

Nun, der Geschäftsführer und der Verkäufer erholten sich wieder. Der Kauf kam zustande. Man bestellte ein Taxi. Das Autodach wurde eingerollt, und die Schaufensterpuppe stand, vom Professor gehalten, aufrecht im Wagen.

»Der Bursche sieht aus wie ein ausländischer Staatsmann zu Besuch!«, rief ein Berliner, als das Taxi vorüberfuhr.

»Das kann kein Staatsmann sein«, meinte ein andrer.

»Wieso eigentlich nicht?«, fragte der Erste. »Wer steht denn sonst in Autos rum, als ob's keine Sitzplätze gäbe?«

»Das ist bestimmt kein Staatsmann«, wiederholte der andere hartnäckig. »Er lächelt nicht, und er winkt uns nicht einmal zu. Das müsste er aber tun, wenn er ein Staatsmann wäre. Man muss deutlich merken, wie kolossal er sich freut, dass er in Berlin ist und sich nicht setzen darf. Sonst ist es kein Staatsmann.«

Das Auto hielt an der Kreuzung, und die zwei Berliner fielen in Trab. Aber bevor sie hinkamen, wurde die Ampel grün, und sie hatten das Nachsehen.

»Außerdem fährt kein Staatsmann in einem gewöhnlichen Taxi«, meinte der eine Mann. »Weder im Sitzen noch im Stehen.«

»Ich bin auch noch nie im Taxi gefahren«, sagte der andere.

»Nanu, Herr Nachbar! Sie sind doch nicht etwa ein Staatsmann?«

»Nein. Ich bin Milchmann.«

DAS SECHSTE KAPITEL

Aufregung im Hotel Kempinski / Herr Hinkeldey vermisst plötz-
lich allerlei, kriegt es wieder und nimmt Reißaus / Was war der
Jokus, bevor er Zauberkünstler wurde? / Und wozu hat er die
Schaufensterpuppe gekauft?

Auch im Hotel Kempinski, wo Professor Jokus von Pokus
wohnte, staunten sie nicht schlecht. An den kleinen Mann, der
auf dem Nachttisch in einer Streichholzschachtel schlief, hatte
man sich allmählich gewöhnt. Dass nun aber auch noch eine
Schaufensterpuppe von zwei Hausdienern durch die verblüffte
Hotelhalle in den Lift geschleppt wurde, machte den Hoteldirektor und den Portier sichtlich nervös.

Kaum dass die Puppe mitten im Zimmer stand, kam der Direktor hereingestürzt, blickte vorwurfsvoll durch seine Hornbrille
und erkundigte sich, was das zu bedeuten habe.

»Was hat was zu bedeuten?«, fragte der Professor freundlich,
als begriffe er die Aufregung nicht recht.

»Die Schaufensterpuppe!«

»Ich brauche sie beruflich«, erklärte der Jokus. »Konzertpianisten und Sänger bringen ins Hotel sogar einen Flügel mit, wenn sie auf Gastspielreise sind, und machen stundenlang Musik und anderen Lärm. Sie sind Künstler und müssen üben. Ich bin Zauberkünstler. Ich muss auch üben! Und ich mache bei weitem nicht so viel schönen Radau wie meine musikalischen Kollegen.« Er fasste den Hoteldirektor am Jackett und klopfte ihm jovial auf die Schulter. »Was bedrückt Sie denn so, lieber Freund?«

»Es wächst uns über den Kopf«, jammerte der Direktor. »Ihr Mäxchen und die beiden Tauben und das weiße Kaninchen und nun noch eine Holzpuppe in blauem Anzug ...«

Der Professor drückte den völlig geknickten Herrn väterlich an die Brust und fuhr ihm tröstend übers Haar. »Nehmen Sie's doch nicht so tragisch! Meine Schaufensterpuppe braucht kein Bett. Sie braucht keine Handtücher. Sie brennt mit der Zigarette keine Löcher in die Tischdecke. Sie zankt das Stubenmädchen nicht aus ...«

»Das ist ja alles schön und gut, Herr Professor«, gab der Direktor zu. »Aber Sie haben ja schließlich nur ein Einbettzimmer gemietet! Und jetzt wohnen Sie und der kleine Mann und drei Tiere und die Puppe drin! Das sind, sage und schreibe, fünf Personen!«

»Aha, daher weht der Wind«, meinte der Zauberkünstler lächelnd. »Wären Sie mit der Übervölkerung Ihres anmutigen Südzimmers einverstanden, wenn ich täglich fünf Mark mehr bezahlte als bisher?«

»Darüber ließe sich reden«, gab der Direktor zögernd zur Antwort. »Ich darf Ihren werten Vorschlag unserer Buchhaltung mitteilen?«

»Sie dürfen!«, erwiderte der Professor, schüttelte dem Direktor lange die Hand und sagte: »Das Beste wird sein, Sie machen sich gleich eine Notiz. Hier ist mein Füllfederhalter.«

»Danke schön, ich habe Kugelschreiber und Notizblock stets bei mir. Sie gehören ja zu meinem Beruf. Es ist gewissermaßen mein Handwerkszeug.« Der Direktor griff schwungvoll ins Jackett. Er suchte und suchte und fand nichts. »Merkwürdig«, murmelte er. »Kein Block! Kein Kugelschreiber! Ich kann sie doch nicht im Büro gelassen haben. Das wäre das erste Mal im Leben.« Und er suchte immer weiter. Plötzlich wurde er kreidebleich und flüsterte: »Meine Brieftasche hab ich auch nicht bei mir! Es ist eine Menge Geld drin.«

»Nur ruhig Blut«, meinte der Jokus. »Rauchen Sie am besten

erst einmal eine Zigarette! Mir dürfen Sie auch eine anbieten. Ich habe Appetit drauf.«

»Mit Vergnügen«, sagte der Direktor und griff bereitwillig in die rechte Tasche. Dann in die linke. Dann in die Hosentaschen. Sein Gesicht wurde lang und immer länger. »Auch vergessen«, stammelte er. »Das Zigarettenetui und das goldene Feuerzeug, beides fehlt ...«

»Ich kann aushelfen«, erklärte der Professor und holte ein Zigarettenetui und ein goldenes Feuerzeug hervor.

Der Hoteldirektor starrte den Professor betroffen an. »Was ist denn? Fehlt Ihnen etwas?«

»Ich bitte um Entschuldigung«, sagte der Direktor zaghaft, »aber wäre es möglich, dass das Zigarettenetui und das Feuerzeug in Ihrer Hand gar nicht Ihnen gehören, Herr Professor? Sondern mir?«

Der Jokus betrachtete die zwei Gegenstände genau und fragte verblüfft: »Tatsächlich?«

»Auf dem Etui muss mein Monogramm eingraviert sein. Ein G und ein H. Gustav Hinkeldey. So heiße ich nämlich.«

»Ein G und ein H?«, meinte der Professor und blickte prüfend auf das Etui. »Stimmt, Herr Hinkeldey!« Geschwind gab er die Gegenstände zurück.

»Entschuldigen Sie tausendmal, dass ich so offen war, Sie darauf hinzuweisen ...«, begann der Direktor verlegen.

»Nicht doch, nicht doch, Herr Hinkeldey! Wenn sich einer von uns beiden zu entschuldigen hat, dann doch ich! Entschuldigen Sie also – aber ich bin manchmal so zerstreut, dass ich Dinge einstecke, die mir überhaupt nicht gehören.« Der Professor klopfte sich sorgfältig auf die Taschen. »Nanu, da steckt ja noch mehr!«, rief er verwundert und brachte einen Notizblock und einen Kugelschreiber zum Vorschein. »Womöglich ist auch dies Ihr Eigentum?«

»Ja natürlich!«, erklärte Herr Hinkeldey eifrig und nahm beides blitzartig an sich. »Ich konnte gar nicht begreifen, dass ich den Block nicht bei mir hatte.« Dann wurde er still und nachdenklich, bis er endlich misstrauisch fragte: »Haben Sie in Ihrer Zerstreutheit vielleicht auch meine Brieftasche eingesteckt?«

»Das wollen wir doch nicht hoffen!«, antwortete der Professor und tastete sich ab. »Oder ist sie das hier?« Er schwenkte eine schwarze Tasche aus Saffianleder in der Linken.

»Jawohl!«, rief der Direktor, riss sie an sich und lief eilends zur Tür, als habe er Angst, die Tasche könne noch einmal verschwinden.

»Ist das Geld noch drin?«, fragte der Jokus belustigt.

»Ja!«

»Zählen Sie die Scheine lieber nach! Ich möchte nicht, dass Sie später behaupten, es hätte Geld gefehlt. Setzen Sie Ihre Hornbrille auf, und zählen Sie genau nach!«

»Meine Brille? Die hab ich doch schon auf!«, sagte Herr Hinkeldey.

Erst als der kleine Mann zu lachen begann und immer lauter und immer herzlicher lachte, wurde Hinkeldey stutzig, griff sich an die Nasenwurzel und ließ die Hand verdutzt sinken. »Wo ist sie denn plötzlich?«

»Tja, wo steckt man denn seine Brille hin, wenn man sie in Gedanken absetzt?«, fragte der Professor hilfreich. »Ich weiß so etwas leider nicht. Denn ich selber habe noch nie im Leben eine Brille getragen. Haben Sie sie im Futteral?«

Der kleine Mann verschluckte sich fast vor Gelächter. »Hör auf, lieber Jokus!«, schrie er vor Wonne. »Ich kann nicht mehr! Ich kippe gleich vor Lachen aus deiner Brusttasche!«

Der Direktor schaute finster drein. »Was ist denn daran so komisch?«, knurrte er. Plötzlich ging ihm ein Licht auf: Seine Brille saß auf der Nase des Professors! Mit einem Satz stand er mitten im Zimmer, ergriff die Brille, sprang zur Tür zurück und stieß hervor: »Sie sind ja ein Teufelskerl!«

»Nein, ein Zauberkünstler, Herr Hinkeldey.«

Doch der Hoteldirektor ließ sich auf nichts mehr ein. Nicht einmal auf eine Unterhaltung. Er riss die Tür auf und machte sich aus dem Staube. (Obwohl in so gepflegten Hotels wie diesem gar kein Staub herumliegt.)

Nachdem sich Mäxchen von dem Spaß einigermaßen erholt hatte, sagte er bewundernd: »Der Herr Hinkeldey hat ganz Recht. Du bist ein Teufelskerl! Dabei hab ich dir doch schon so oft im Zirkus zugeschaut, wenn du zwei oder sogar drei Leute aus dem Publikum zu dir holst und ihnen, ohne dass sie es merken, die Taschen ausräumst!«

»Man muss sich mit ihnen nur nett unterhalten«, meinte der Jokus. »Man muss ihnen gemütlich auf die Schulter klopfen. Man muss sie am Knopf fassen. Man muss tun, als ob man ihnen ein bisschen Tabak oder ein Fädchen vom Anzug bürstet. Alles andere ist gar nicht so schwierig, wenn man's gelernt hat.«

»Und wie hast du's gelernt? Und wo? Halte mich doch bitte mal an dein Ohr, ja? Ich muss dich ganz, ganz leise etwas fragen.«

Der Professor nahm den kleinen Mann vorsichtig aus der Tasche und hielt ihn ans Ohr.

»Lieber Jokus«, flüsterte Mäxchen. »Du kannst es mir ruhig erzählen. Ich sage es bestimmt nicht weiter. Warst du vielleicht früher einmal ein – Taschendieb?«

»Nein«, antwortete der Professor leise. »Nein, mein Mäxchen.« Er lächelte und gab dem Kleinen einen Kuss auf die Nasenspitze, und das war gar nicht so einfach. »Ich war kein Taschendieb. Aber ich habe viele Taschendiebe – erwischt.«

»Oh!«

»Und deshalb musste ich mindestens so viel lernen und können wie sie selber.«

»Ja, ja. Sicher. Aber für wen hast du sie erwischt?«

»Für die Polizei!«

»Donnerwetter!«

»Da staunst du, was? Ich wollte als junger Mann Detektiv werden oder Kriminalinspektor. Und später schrecklich berühmt.«

»Erzähl weiter!«, bettelte Mäxchen.

»Heute nicht. Vielleicht ein andermal. Heute erzähle ich dir etwas über die Schaufensterpuppe, die wir gekauft haben.«

»Die hätte ich beinahe vergessen!«

»Du wirst dich noch oft genug an sie erinnern«, meinte der Professor. »Denn wir haben sie ja deinetwegen gekauft.«

»Meinetwegen? Wieso?«

»Weil du doch unbedingt Artist werden willst.«

Der kleine Mann staunte. »Dazu brauchen wir die große Puppe? Was für ein Artist soll ich denn werden, lieber Jokus?«

»Du wirst mein Zauberlehrling«, sagte der Zauberkünstler.

Das siebente Kapitel

Über Bäckerlehrlinge, Metzgerlehrlinge, Ananastörtchen und Zauberlehrlinge / Die Puppe heißt Waldemar Holzkopf / Der Jokus entwirft den Lehrplan, und der kleine Mann erschrickt / Das Lied vom ›Leutnant Unsichtbar‹.

Der kleine Mann war nun also Zauberlehrling, und das freute ihn natürlich sehr. Aber noch mehr hätte es ihn gefreut, wenn er gewusst hätte, was ein Zauberlehrling eigentlich ist. »Was ein Bäckerlehrling ist, weiß ich«, sagte er. »Ein Bäckerlehrling muss lernen, was der Bäckermeister schon kann. Er muss lernen, wie man Brot backt und Semmeln und Apfelstrudel und Ananastörtchen.«

»Richtig«, meinte der Professor.

»Und ein Metzgerlehrling muss lernen, wie man Schweine schlachtet und Bratwurst und Sülze macht.«

»Stimmt.«

»Und wenn man ein tüchtiger Lehrling gewesen ist, wird man Geselle. Also werde ich vielleicht eines Tages Zaubergeselle?«

»Das ist gar nicht ausgeschlossen.«

»Und wenn ich . . .«, fing Mäxchen an.

»Halt!«, rief der Professor. »Meister willst du auch werden?«

Der kleine Mann schüttelte den Kopf. »Und wenn ich jetzt ein Ananastörtchen bekäme, lieber Jokus, wäre die Welt noch viel schöner.«

»Du bist ein verfressenes Kerlchen«, sagte der Professor, ging zum Telefon, bestellte ein Ananastörtchen und für sich selber einen Kognak. Dann setzte er sich in einen geblümten Sessel und erklärte: »Der Fall ist verzwickt. Ein Bäckerlehrling lernt, was der Bäckermeister kann. Ein Klempnerlehrling lernt, was der Klempnermeister kann.«

»Und der Metzgerlehrling . . .«

»Von dem sprechen wir nicht.«

»Warum denn nicht?«, fragte Mäxchen.

»Weil du sonst Appetit auf eine Bratwurst kriegst!«, meinte der Jokus. »Bleiben wir lieber bei den Klempnern!«

»Gut. Ich soll also von dir lernen, was du kannst«, meinte der kleine Mann. »Doch das geht ja gar nicht! Wie kann ich denn lernen, zwanzig große Rasierklingen zu verschlucken und sie, aneinander aufgefädelt, wieder aus dem Mund herauszuziehen? Und ich kann doch kein Kaninchen aus dem Zylinder zaubern! So kleine Kaninchen gibt es nur in Liliput, und Liliput gibt es überhaupt nicht! Und deine Spielkarten und der Zauberstab und die Blumensträuße und die brennenden Zigaretten, das alles ist doch für mich zwanzigmal zu groß!«

Der Professor nickte. »Ich sagte schon, dass der Fall verzwickt ist. Alle Lehrlinge lernen, was ihr Meister kann: der Bäckerlehrling, der Klempnerlehrling, der Schneiderlehrling, der Schusterlehrling . . .«

». . . der Metzgerlehrling«, fügte Mäxchen hinzu und kicherte.

»Ja, der auch!«, meinte der Jokus. »Du aber bist der einzige Lehrling auf der Welt, der lernen soll, was sein Meister nicht kann!«

»Wieso? Du kannst doch alles!«

»Kann ich in einer Streichholzschachtel schlafen? Kann ich auf der Taube Minna im Zimmer herumfliegen?«

»Nein, da hast du Recht! Das kannst du nicht.«

»Oder kann ich«, fragte der Professor, »aus meiner Brusttasche herausschauen? Kann ich auf die Gardinenstange klettern? Kann ich durchs Schlüsselloch kriechen?«

»Nein, das kannst du auch nicht. Herrje, was du alles nicht kannst, lieber Jokus! Das ist aber fein!«

»Ob nun fein oder nicht fein«, erklärte der Professor, »es ist, wie es ist. Du bist der Zauberlehrling, ich bin der Meister, und du sollst durch mich ein paar Sachen lernen, die ich selber nicht kann.«

An dieser Stelle wurden sie unterbrochen. Denn der Kellner kam ins Zimmer. Er brachte den Kognak und das Ananastörtchen. Dabei hätte er fast die Schaufensterpuppe über den Haufen geworfen. »Nanu!«, rief er. »Wer ist denn das?«

»Das ist der schöne Waldemar«, erklärte der Jokus. »Ein entfernter Verwandter von uns.«

»Ein sehr hübscher Mensch«, stellte der Kellner fest und zwinkerte den beiden vergnügt zu. »Hat er auch einen Familiennamen?«

»Holzkopf heißt er«, sagte der kleine Mann mit todernstem Gesicht. »Waldemar Holzkopf.«

»In großen Hotels erlebt man allerlei«, meinte der Kellner. Dann verbeugte er sich vor der Schaufensterpuppe, wünschte: »Angenehmen Aufenthalt in Berlin, Herr Holzkopf!«, und ging wieder.

54

Nachdem der Professor den Kognak getrunken und Mäxchen mit seiner winzigen silbernen Kuchengabel den zehnten Teil des Ananastörtchens vertilgt hatte, begann des Zauberlehrlings Lehrzeit. »Du hast vorhin zugeschaut, wie ich dem Direktor Hinkeldey heimlich ein paar Gegenstände weggenommen habe«, sagte der Professor.

»Zugeschaut habe ich schon«, erwiderte der kleine Mann, »aber gesehen hab ich nichts. Nicht einmal das Kunststück mit der Brille. Das merkte ich erst, als du selber sie schon auf der Nase hattest.«

»Willst du wissen, wie ich es gelernt habe? Ich war ja auch einmal Lehrling und musste lange, lange üben.«

»Wie denn?«

»An einer Puppe in einem blauen Anzug.«

»Wirklich? Und sah sie so schön aus wie Waldemar?«

»Waldemar ist schöner und blonder«, musste der Professor zugeben. »Doch wir werden uns von seiner umwerfenden Schönheit nicht ablenken lassen. Außerdem wirst du ihn, wenn du täglich stundenlang auf ihm herumkletterst, vielleicht gar nicht mehr so schön finden.«

»Was soll ich?«, fragte Mäxchen erschrocken. »Täglich stundenlang auf ihm herumklettern?«

»Jawohl, mein Sohn. Vom Hemdkragen bis zu den Schuhsohlen und von den Sohlen bis zur Krawatte. Von oben nach unten und von unten nach oben und in alle Taschen hinein und aus allen Taschen heraus, flink wie ein Eichhörnchen und leise wie eine Ameise in Pantoffeln – nun, du wirst es schon lernen. Ihr Pichelsteiner seid ja berühmte Turner.«

»Und wozu, lieber Jokus, soll ich das alles lernen?«

»Damit du mir im Zirkus tüchtig hilfst. Ich werde den verehrten Herrschaften, die ich in die Manege bitte, noch viel mehr Dinge fortzaubern können als bisher!«

»Dann bist du und ich, nein, dann bin ich und du, nein, dann sind wir also eine Räuberbande!«

»Jawohl.«

»Du bist der Räuberhauptmann. Und was bin ich?«

»Du bist der Leutnant Unsichtbar.«

Der kleine Mann rieb sich die Hände. Das tat er oft, wenn er sich freute. Er rief: »So könnte ein Lied anfangen!«

Und schon begann er zu singen: »Ich bin der Leutnant Unsichtbar ... und klettre auf den Waldemar.«

»Weiter?«

»Jetzt bist du an der Reihe!«

»Na schön«, sagte der Professor und sang: »Dann mach ich mit dem Jokus ... im Zirkus ...«

»Hokuspokus!«, schmetterte Mäxchen. »Nun noch einmal im Ganzen! Aber furchtbar laut, und wir alle beide.«

Der Professor hob die Hände wie ein Dirigent beim Männerchor, gab das Zeichen zum Einsatz, und sie sangen aus voller Kehle:

»Ich bin der Leutnant Unsichtbar
und klettre auf den Waldemar.
Dann mach ich mit dem Jokus
im Zirkus Hokuspokus!«

Der kleine Mann klatschte begeistert. »Bitte, mindestens noch drei- bis viermal! Es ist ein wunderbares Lied.«

Sie sangen, bis der Kellner klopfte, ins Zimmer trat und sich besorgt erkundigte, ob einer von ihnen krank geworden sei oder womöglich alle beide.

»Wir sind kerngesund«, rief der kleine Mann.

»Wir sind nur albern«, meinte der Professor.

Sie sangen ihm das Lied langsam vor, und dann sang der Kellner mit.

Später kam das Stubenmädchen. Sie war noch besorgter als der Etagenkellner. Doch das ging vorbei. Zum Schluss sangen sie vierstimmig. Es klang wie ein Liederabend. Nur nicht so schön.

Abends, als er in seiner Streichholzschachtel lag, gähnte Mäxchen, dehnte sich und sagte: »Das war also der erste Tag meiner Lehrzeit.«

»Und der faulste«, fügte der Professor hinzu. »Ab morgen wird gearbeitet. Löschen Sie das Licht aus, Leutnant Unsichtbar!«

»Zu Befehl, Räuberhauptmann!« Mäxchen knipste das Licht aus. Durchs Fenster schien der Mond. Der schöne Waldemar stand mitten im Zimmer und schlief im Stehen. Minna und Emma, die zwei Tauben, hockten einträchtig auf seinem Holzkopf. Es war nicht so bequem wie auf dem Schrank, aber es war mal was andres.

Der Professor tat seinen ersten Schnarcher. Der kleine Mann summte leise vor sich hin: »Dann mach ich mit dem Jokus im Zirkus Hokuspokus.« Hierüber fielen ihm die Augen zu.

DAS ACHTE KAPITEL

Der Jokus ist ein Einzelgänger / Mäxchen als Klettermäxchen / Die vertauschten Fräcke / Die drei Schwestern Marzipan / Was ist ein Trampolin? / Galoppinski zaubert zu Pferde / Jokus von Pokus will nicht auftreten.

Sie trainierten jeden Vormittag mehrere Stunden. Hinterher badete der kleine Mann in der Seifenschale. Sie trainierten in jeder Stadt, wo der Zirkus Stilke gastierte. Wenn sie reisten, lag die Schaufensterpuppe im Gepäcknetz ihres Zugabteils, und sie gaben Acht, dass Waldemar nicht herunterfiel.

Sie fuhren nicht mit den unzähligen Zirkuswagen, die an einen oder mehrere Güterzüge angehängt werden mussten: den Wohnwagen, den Wagen mit den Pferden und den Raubtierkäfigen, den Wagen mit dem Zelt, den Kabeln für die tausend Glühlampen, den Musikinstrumenten, den Heizmaschinen, den Trapezen und Drahtseilen, den Plakaten und Schildern, den Kostümen und Teppichen und Stühlen und Treppenstufen und Bambusstangen und Kassenschaltern und Tierpflegern und Buchhalterinnen und

Handwerkern und dem Handwerkszeug und dem Heu und dem Stroh, und auch nicht mit dem Direktor Brausewetter, seinem Zylinder und seiner Frau, seinen vier Töchtern und zwei Söhnen und den Schwiegersöhnen und Schwiegertöchtern und den sieben Enkeln und den – jetzt hab ich tatsächlich den Faden verloren ... Was wollte ich eigentlich erzählen?

Ich weiß es schon wieder. Sie reisten nicht mit dem Zirkus, sondern in Schnellzügen. Und sie hausten nicht im Wohnwagen, sondern in Hotelzimmern. Der Professor war, wie er sagte, ein geborener Einzelgänger. »Ich liebe den Zirkus sehr«, meinte er. »Aber nur, wenn er voll ist. Davon abgesehen liebe ich das Leben und das schöne Wetter.«

»Und mich!«, rief Mäxchen, so laut er konnte.

»Dich«, sagte der Jokus zärtlich, »dich liebe ich noch einen Zentimeter mehr als das schöne Wetter.«

Schon nach einem halben Jahr kletterte der kleine Mann auf dem schönen Waldemar herum wie ein Bergsteiger in den Dolomiten oder in der Sächsischen Schweiz, nur dass er nicht angeseilt war.

Das war gefährlich. Denn die Schaufensterpuppe war ja für ihn so groß wie für unsereinen ein Hochhaus.

Zum Glück war der Junge völlig schwindelfrei. Er kletterte, beispielsweise, die Hose hoch, schlüpfte unters Jackett, lief quer über den Hosenbund, hangelte die Hosenträger empor, sprang zur Krawatte hinüber, stieg in deren Innenfutter hoch wie in einem Felskamin, rastete kurz am Krawattenknoten, schwang sich dann auf den Rockaufschlag und rutschte, vom Knopfloch aus, mitten in die Brusttasche hinein.

Das war nur eine seiner erstaunlichen Bergtouren. Die anderen will ich nicht lang und breit beschreiben. Ihr wisst ja: Was ich erzähle, das stimmt sowieso. Ich will euch auch nicht näher erklären, wozu und warum Mäxchen täglich klettern musste. Vorläufig müsst ihr euch damit zufrieden geben, dass er selber es wusste. Doch er sprach mit niemandem darüber. Und der schöne Waldemar wusste es natürlich auch. Aber Puppen, auch Schaufensterpuppen, können schweigen wie das Grab.

Jedenfalls, der Professor war mit Mäxchens Fortschritten sehr zufrieden. Manchmal nannte er ihn sogar ›mein Klettermäxchen‹. Das war ein großes Lob, und der kleine Mann bekam vor Stolz Glitzeraugen.

Trotz solcher Fortschritte hätte die Zauberlehrlingszeit mindestens noch ein Vierteljahr gedauert, vielleicht sogar vier Monate, wenn nicht eines Abends die zwei Fräcke verwechselt worden wären. Welche zwei Fräcke? Der Frack des Professors und der Frack des Kunstreiters Galoppinski! Das war eine tolle Geschichte!

Der Herr Direktor Brausewetter glaubt noch heute, das Ganze sei ein Zufall gewesen. Außer ihm glaubte das im Zirkus Stilke aber niemand. Kein Feuerschlucker, kein falscher Chinese, kein Eisverkäufer und keiner vom Drahtseilakt. Und die ›3 Schwestern Marzipan‹ glaubten es schon gar nicht. Rosa Marzipan, das hübscheste der drei Fräuleins, behauptete, es habe sich um einen niederträchtigen Racheakt gehandelt. Ich vermute, sie hatte Recht. Wahrscheinlich war Eifersucht im Spiele. Denn Fräulein Rosa Marzipan verdrehte allen Männern den Kopf. Obwohl sie das gar nicht wollte.

Schon wenn die Schwestern knicksend in die Manege hüpften, in ihren kurzen Gazeröckchen und den hautfarbenen Trikots, trampelten und klatschten die Zuschauer begeistert. Einen appetitlicheren Anblick konnte man sich aber auch nicht vorstellen.

Sie sahen zum Anbeißen aus. Kein Wunder, dass sie Marzipan hießen!

Und wenn sie sich dann auf das straff gespannte Trampolin geschwungen hatten, hoch, immer höher und noch viel höher sprangen, Kobolz schlugen, waagerecht in die Luft schwebten oder Saltos drehten, dann nahm der Jubel kein Ende. Man konnte denken, die drei jungen Damen seien nicht schwerer als drei Straußenfedern. Wo sie doch, in Wirklichkeit, zusammen drei Zentner wogen, und das sind immerhin dreihundert Pfund!

Rosa Marzipan, die schönste, wog einhundertundfünf (105) Pfund und vierundachtzig (84) Gramm. Das ist nicht sonderlich viel. Ich selber wiege, zum Beispiel, einhundertundzweiundvierzig (142) Pfund, und das sind nur siebenunddreißig (37) Pfund mehr. Trotzdem käme kein Mensch auf den Gedanken, mich mit einer schwebenden Straußenfeder zu vergleichen oder vor mir niederzuknien und zu behaupten, er finde mich zum Anbeißen. Mir passiert so etwas nie. Im Leben geht es nicht immer gerecht zu.

Für die unter euch, die nicht wissen, was ein Trampolin ist, möchte ich anmerken, dass es sich um so etwas Ähnliches wie eine

Matratze handelt. Auch ihr seid sicher schon oft im Bett herumgesprungen und habt euch gefreut, wie schön die Matratze federt, wie leicht man plötzlich wird und was für Sprünge man machen kann. Ein Trampolin ist nur länger und breiter als eine Matratze und so straff gespannt wie das Fell einer Trommel oder Pauke.

Wer es gelernt hat, darauf zu wippen und sich hochzuschnellen, der fliegt wie ein Pfeil in die Luft, bleibt fünf oder gar sechs Sekunden oben und kann sich dort kugeln und überschlagen, als wöge er nicht viel mehr als ein Luftballon. Das kann er. Aber nur, wenn er's kann. Und aufs Trampolin geschickt zurückfallen, das muss er natürlich auch können. Denn wenn er nicht aufs Trampolin fiele, sondern daneben, dann bräche er sich sämtliche Knochen. Nun, die drei Schwestern Marzipan, die konnten es. Sie hatten es als Kinder von ihren Eltern gelernt, die auch schon Luftspringer gewesen waren.

Doch nun zurück zu den verwechselten Fräcken. Man konnte es ihm zwar nicht nachweisen, aber wahrscheinlich hatte es Fernando getan, einer der Musikclowns. Er blies im Zirkus eine Mundharmonika, die so groß war wie eine Zaunlatte, und eine andre, die so klein war, dass er sie jeden Abend verschluckte, und dann spielte sie in seinem Magen weiter. Die Zuschauer fanden das sehr lustig. Er selber war freilich seit langem melancholisch und gallenleidend. Weil er das Fräulein Rosa Marzipan liebte und sie nichts von ihm wissen wollte. Denn sie liebte den Professor Jokus von Pokus.

Das ärgerte den Clown bis aufs Blut. Und deshalb vertauschte er eines Tages, eine Viertelstunde vor der Vorstellung, in der Garderobe die zwei Fräcke! Den Frack des Kunstreiters hängte er, mit dessen Zylinder, an den Haken des Professors. Und den Zauberfrack samt dem Zauberzylinder hängte er an den Garderobenhaken des Kunstreiters. Dann schlich er auf den Zehenspitzen davon.

Als nun Meister Galoppinski auf Nero, seinem pechschwarzen Hengst, in die Manege sprengte, ihn scharf durchparierte und zum Gruße den Zylinder schwenkte, hüpfte Alba, das schlohweiße Kaninchen, aus dem Hutfutter, sprang in den Sand und hoppelte erschrocken im Kreise herum! Davon wurde das Pferd scheu und bäumte sich auf. Herr Galoppinski klopfte ihm beruhigend den Hals. Bei dieser Gelegenheit flog die Taube Minna aus dem linken Frackärmel, flatterte nach allen Seiten und suchte den kleinen Tisch mit ihrem Käfig und der offenen Käfigtür zum Hineinschlüpfen. Doch der Tisch und der Käfig standen ja noch gar nicht in der Manege!

Der Hengst begann zu bocken und nach hinten und vorn auszuschlagen. Die Kapelle spielte den Walzer aus der Operette ›Die Fledermaus‹ und hoffte, das Pferd werde nun seine berühmten Tanzschritte machen. Es tänzelte aber ganz und gar nicht, sondern jagte, als sei es von einem Bienenschwarm überfallen worden, durch die Arena. Der Kunstreiter konnte es kaum noch zügeln.

Das Publikum in den ersten Sitzreihen riss es von den Plätzen hoch. Viele Leute schrien vor Angst. Eine Dame fiel in Ohnmacht. Die Taube Emma flatterte aus Galoppinskis rechtem Ärmel. Er packte die Zügel noch kürzer. Da sprang der Hengst mit allen vieren gleichzeitig in die Luft und wieherte wild. Der Reiter griff zur Peitsche und wollte das ungebärdige Tier schlagen. Doch es war gar nicht die Peitsche, sondern der Zauberstab, der sich sofort in einen riesigen Blumenstrauß verwandelte! Das Pferd riss ihm ärgerlich die Blumen aus der Hand und wollte sie fressen. Aber sie waren aus buntem Papier, und es spuckte sie angewidert aus.

Jetzt wollte sich das Publikum totlachen. Das Kaninchen machte Männchen. Die Tauben flatterten ratlos um Galoppinskis Zylinder. Die Kapelle intonierte den Hohenfriedberger Marsch. Der Kunstreiter gab dem Hengst die Sporen, damit er sich endlich zusammennehme und im Takte der Musik marschiere. Aber der Rappe war es nicht gewöhnt, dass man ihm vor allen Leuten die Sporen in die Flanken stieß. Er keilte aus und hörte nicht auf, sich zu schütteln und um sich zu schlagen, bis Galoppinski, einer der besten Schulreiter der Welt, im hohen Bogen aus dem Sattel flog und in den Sand fiel!

Dann jagte der Hengst mit donnernden Hufen aus der Manege hinaus und zurück in seinen Stall. Der Reiter erhob sich und humpelte ächzend hinterdrein. Das Publikum war außer Rand und Band, und das waren immerhin zweitausend Menschen. Das Zirkuszelt zitterte vor lauter Gelächter. Einen Zauberkünstler zu Pferde, der schließlich abgeworfen wurde, hatte man noch nicht gesehen!

Herr Direktor Brausewetter stand in der Zeltgasse und rief außer sich: »Das ist eine Katastrophe! Das ist eine Katastrophe!«

Galoppinski, der ihn im Vorbeihinken hörte, sagte zähneknirschend: »Eine Katastrophe nennen Sie das? Ich nenne so etwas eine Schweinerei! Eine Riesenschweinerei! Wer hat mir das eingebrockt? Her mit ihm! Ich verfüttere den Kerl an die Löwen! Aua!« Er hielt sich das Kreuz und schnitt vor Schmerzen Grimassen.

Der Professor stürzte in die Manege hinaus, packte das Kaninchen an den Löffeln, lockte die beiden Tauben, bis sie sich auf

seine ausgestreckte Hand gesetzt hatten, rannte mit den dreien in die Zeltgasse zurück und war außer sich und außer Atem. »Ich bin bis auf die Knochen blamiert!«, schimpfte er. »Wenn der Präsident des Magischen Zirkels davon erfährt, komme ich vors Ehrengericht! Weil ich das Ansehen der Zauberkünstler geschädigt habe!«

»Aber doch nicht durch Ihre eigene Schuld!«, besänftigte ihn Direktor Brausewetter.

»Ich verlange Schmerzensgeld!«, brüllte Galoppinski. »Erst haben mich zweitausend Leute ausgelacht, und dann bin ich auch noch vom Pferd gefallen!«

»In zehn Minuten müsste ich auftreten«, rief der Professor. »Ich denke nicht im Traum daran! Nachdem der Herr Kunstreiter meinen Zauberfrack lächerlich gemacht hat? Niemals! Und einen der teuren Blumensträuße hat sein Gaul gefressen!«

»Ausgespuckt hat er das blöde Zeug!«, kreischte Galoppinski, machte vor Zorn einen Luftsprung und sagte wieder: »Aua!«

»Ruhe, meine Herren!«, bettelte Direktor Brausewetter. »Das Programm muss weitergehen! Was soll jetzt werden?«

»Ich trete unter keinen Umständen auf, und wenn Sie vor mir

auf die Knie fallen«, erklärte der Professor. »Ich nehme meine Tiere, fahre ins Hotel und trinke eine Flasche Kognak leer!«

»Nein, lieber Jokus«, rief da der kleine Mann laut aus der Brusttasche. »Ich habe eine gute Idee! Halte mich doch einmal an dein Ohr! Es ist sehr wichtig!« Und als ihn der Jokus hochhielt, begann Mäxchen geheimnisvoll zu wispern und zu flüstern.

Der Professor hörte erstaunt zu, schüttelte den Kopf und sagte: »Nein. Du musst mindestens noch drei Monate trainieren. Es wäre verfrüht.« Mäxchen gab aber keine Ruhe. »Sie haben dich geärgert«, flüsterte er, »und das lassen wir uns nicht gefallen.«

»Nein, Mäxchen, heute noch nicht!«

»Gerade heute!«

»Es ist zu früh!«

»Bitte bitte! Sag ja! Ich wünsche mir's zum Geburtstag, und außerdem gar nichts anderes! Nicht einmal die Puppenwohnstube!«

»Du hast doch erst in einem halben Jahr Geburtstag.«

»Trotzdem, lieber Jokus!«

In diesem Augenblick spürte der Professor ein paar ganz, ganz kleine Tränen an seinem großen Ohrläppchen. Da holte er tief Luft und sagte: »Herr Direktor Brausewetter, ich habe es mir überlegt. Ich werde den Kognak später trinken. Ich trete auf! Kündigen Sie mich am Mikrophon an! Tun Sie es persönlich!«

»Mit dem größten Vergnügen!«, rief der Herr Direktor erleichtert. »Und was soll ich dem Publikum sagen?«

»Sagen Sie den Leuten, ich zauberte heute zum allerersten Male mit meinem Zauberlehrling zusammen! Und die Nummer heiße ›Der große Dieb und der kleine Mann‹!«

DAS NEUNTE KAPITEL

Direktor Brausewetter besänftigt das Publikum / ›Der große Dieb und der kleine Mann‹, eine verfrühte Premiere / Der dicke Herr Mager und Doktor Hornbostel werden ausgeraubt / Braune und schwarze Schnürsenkel / Mäxchen winkt zweitausend Menschen zu.

Herr Direktor Brausewetter hielt sein Wort. Kaum dass die ›Wirbelwinds‹, zwei berühmte Rollschuhläufer, unter großem Applaus in der Zeltgasse verschwunden waren, zog er seine weißen Glacéhandschuhe an und gab dem Kapellmeister ein Zeichen. Das Orchester spielte einen Tusch.

Der Direktor schritt würdig zum Mikrophon. Im Zirkus wurde es still. »Verehrtes Publikum«, sagte Herr Brausewetter. »Wie Sie aus Ihrem Programmheft ersehen haben, tritt jetzt Professor Jokus von Pokus auf. Er ist, wenn ich mich so ausdrücken darf, der Großmeister unter den lebenden Zauberkünstlern. Wenn ich ihn loben wollte, müsste ich Eulen nach Athen tragen. Und so viel Zeit hat kein Zirkusdirektor.«

»Das ist aber schade!«, rief ein Flegel aus den oberen Reihen. Doch die anderen zischten ihn nieder, und es wurde wieder still. Nur in den Ställen, ganz in der Ferne, wieherte ein Pferd. Wahrscheinlich war es Nero, den Galoppinski beim Absatteln auszankte.

»Infolge eines rätselhaften Missgeschicks«, fuhr Herr Brausewetter in seiner Ansprache fort, »griff Maestro Galoppinski vorhin zum Zauberstab statt zur Reitpeitsche. Dabei musste er feststellen, dass Zaubern und Reiten so wenig zusammenpassen wie ... wie Rollmops und Schokoladensoße oder wie der Kölner Dom und der Hauptbahnhof.«

Ein Teil des Publikums lachte.

»Das Resultat«, erklärte der Direktor, »ist doppelt betrüblich. Denn unser Großmagier weigert sich aufs entschiedenste, nunmehr zum Zauberstab zu greifen. Ich bin vor ihm niedergekniet. Ich wollte ihm mein Briefmarkenalbum schenken. Es war alles vergeblich. Er will nicht.«

Die Menge wurde unruhig. Man pfiff und schrie »Buh«. Einer rief: »Dann verlang ich mein Eintrittsgeld zurück!«

Direktor Brausewetter winkte ab. »Er wird nicht zaubern, liebe Freunde – aber er wird auftreten!«

Die Leute klatschten.

»Was er heute zeigen wird, hat er noch nie vorher gezeigt. Sogar ich selber, der Chef des Hauses, kenne die Darbietung noch nicht! Was Sie und mich und uns alle erwartet, ist eine Weltpremiere!«

Die Leute klatschten noch länger.

»Ich kenne nur den Titel der Nummer!« Direktor Brausewetter

warf die Arme samt den weißen Glacéhandschuhen hoch und rief, so laut er konnte: »Die Darbietung heißt: ›Der große Dieb und der kleine Mann‹!«

Dann verbeugte er sich schwungvoll und ging. Die Kapelle spielte wieder einen Tusch. Alles wartete. Und es wurde mäuschenstill.

»Es ist so weit«, sagte der Professor.

»Jawohl«, flüsterte Mäxchen in der Brusttasche. »Hals- und Beinbruch, lieber Jokus!«

»Toi, toi, toi und dreimal schwarzer Kater!«, murmelte der Zauberkünstler und betrat langsam die Manege. In der Mitte blieb er stehen, verneigte sich und sagte lächelnd: »Heute wird nicht gezaubert, meine Herrschaften. Heute wird nur gestohlen. Halten Sie Ihre Taschen zu! Vor mir und meinem jugendlichen Mitarbeiter ist nichts und niemand sicher.«

»Wo bleibt er denn, Ihr Mitarbeiter?«, rief ein dicker Mann in der zweiten Reihe.

»Er ist schon hier«, erwiderte der Professor.

»Ich sehe ihn aber nicht«, rief der Dicke.

»Kommen Sie doch, bitte, etwas näher!«, sagte der Jokus freundlich. »Vielleicht sehen Sie ihn dann!«

Der dicke Mann erhob sich ächzend, kam in die Manege gestapft, gab dem Professor die Hand und sagte: »Mein Name ist Mager.«

Das freute das Publikum.

Der dicke Herr Mager schaute sich gründlich um. »Ich sehe ihn noch immer nicht!«

Der Professor trat dicht an den Dicken heran, blickte ihm gründlich in die Pupillen, klopfte ihm auf die Schulter und meinte: »An Ihren Augen kann's nicht liegen, Herr Mager. Die sind in Ordnung. Trotzdem ist mein Gehilfe hier. Ich gebe Ihnen mein großes Ehrenwort.«

Ein Herr in der ersten Reihe rief: »Ist ja völlig ausgeschlossen! Wette mit Ihnen um zwanzig Mark, dass Sie allein sind!«

»Nur zwanzig Mark?«

»Fünfzig Mark!«

»Einverstanden«, sagte der Jokus vergnügt. »Treten auch Sie ruhig näher! Hier ist noch eine Menge Platz. Und vergessen Sie nicht, das Geld mitzubringen!« Er hakte sich bei Herrn Mager unter und wartete lächelnd auf den Herrn aus der ersten Reihe, der fünfzig Mark gewettet hatte. Auch Herr Mager lächelte, obwohl er gar nicht wusste, warum.

Der Herr marschierte auf sie zu und stellte sich vor. »Doktor Hornbostel«, schnarrte er zackig. »Das Geld habe ich bei mir.« Sie schüttelten einander die Hände.

»Nun, wie steht's?«, fragte der Professor. »Wo steckt mein Gehilfe?«

»Ist ja Unsinn«, erklärte Doktor Hornbostel. »Gibt's gar nicht, den Kerl. Bin schließlich nicht blind. Hätte Lust, die Wette zu verdoppeln. Hundert Mark?«

Der Professor nickte. »Hundert Mark. Ganz wie Sie wünschen.« Er klopfte ihm auf die Brust. »Die Brieftasche ist ja dick genug. Ich spüre sie durchs Jackett hindurch.« Dann prüfte er den Stoff zwischen den Fingern, öffnete Doktor Hornbostels mittleren Jackenknopf und sagte: »Prima Kammgarn, kein Gramm

73

Zellwolle, keine Knitterfalten, erstklassiger Sitz, teurer Schneider.«

»Stimmt«, bemerkte der Doktor stolz und drehte sich um die eigne Achse.

»Fabelhaft!«, meinte der Jokus. »Moment, bitte! Hier hängt ein weißes Fädchen.« Er zupfte den Faden fort und strich das Jackett sorgfältig glatt.

Da hüstelte der dicke Herr Mager und sagte ein bisschen ungehalten: »Das ist ja alles schön und gut, Professor. Prima Kammgarn, teurer Schneider und so. Aber wann wird nun eigentlich gestohlen?«

»In zwei Minuten fangen wir an, verehrter Herr Mager. Keine Sekunde später. Schauen Sie bitte zur Kontrolle auf Ihre Armbanduhr!«

Der dicke Herr Mager blickte auf die Uhr und machte ein verblüfftes Gesicht. »Sie ist weg«, erklärte er.

Der Jokus half ihm beim Suchen. Aber die Uhr fand sich in keiner Tasche und nicht am andren Handgelenk. Sie lag auch nicht am Boden. »Das ist ja sehr, sehr merkwürdig«, meinte der Zauberkünstler gedehnt. »Wir zwei wollten Sie zwei erst in zwei Minuten ausrauben, und schon ist eine Uhr verschwunden!«

Jetzt fasste er den andren Herrn ins Auge: »Herr Doktor Hornbostel«, sagte er misstrauisch, »ich möchte Sie nicht verdächtigen, das ist ja selbstverständlich, aber – haben vielleicht Sie, aus Versehen, Herrn Magers Armbanduhr an sich genommen?«

»Dummes Zeug!«, rief Doktor Hornbostel empört. »Stehle weder aus Versehen noch zum Spaß! Angesehener Rechtsanwalt wie ich kann sich das gar nicht leisten!«

Die Zuschauer lachten herzlich.

Der Jokus blieb ernst. »Darf ich einmal nachsehen?«, fragte er höflich. »Es ist eine reine Formsache.«

»Meinetwegen!«, schnarrte Rechtsanwalt Doktor Hornbostel und streckte beide Arme in die Luft. Er sah aus wie bei einem Gangsterüberfall.

Der Jokus durchsuchte geschwind sämtliche Taschen. Plötzlich stutzte er. Dann zog er etwas heraus und hielt es hoch: eine Armbanduhr!

»Das ist sie!«, rief der dicke Herr Mager, sprang danach wie ein Mops nach der Wurst, band sie sich wieder ums Gelenk und sagte,

75

mit einem schiefen Blick, zu Hornbostel: »Na, hören Sie mal, Doktor! Das ist ja allerhand!«

»Schwöre Ihnen, dass ich's nicht war!«, erklärte der Rechtsanwalt gekränkt. »Habe eigne Uhr!« Er streckte das Handgelenk weit aus der Manschette, machte ein dummes Gesicht und rief: »Sie ist weg!«

Das Publikum lachte und klatschte heftig.

»Goldne Uhr! Läuft auf acht Rubinen! Echt Schweizer Fabrikat!«

Der Jokus drohte Herrn Mager lächelnd mit dem Finger und durchsuchte nun dessen sämtliche Taschen. Schließlich holte er ihm eine goldne Uhr aus der rechten Innentasche.

»Das ist sie!«, rief Hornbostel. »Das ist sie! Her damit!«

Der Jokus half ihm beim Umbinden der goldnen Uhr, die auf acht Steinen lief, und sagte zwinkernd zum Publikum: »Da habe ich mir ja zwei feine Herren angelacht.«

Dann wendete er sich an die zwei feinen Herren selber.

»Ärgern Sie sich nicht über einander! Vertragen Sie sich wieder! Reichen Sie sich die Hand zur Versöhnung! So ist's recht. Danke sehr.« Er blickte auf die eigne Uhr. »In einer Minute gehe ich mit meinem Lehrling an die Arbeit. Wir werden Sie ausräubern, dass Ihnen angst und bange wird. Aber vielleicht geben wir Ihnen später einige der Wertsachen zurück. Unrecht Gut gedeiht bekanntlich nicht.«

»Sie mit Ihrem Zauberlehrling, den's nicht gibt!«, rief Doktor Hornbostel. »Freue mich schon auf Ihre hundert Mark!«

»Immer hübsch eins nach dem andern, Herr Doktor«, erklärte der Jokus. »In einer Minute beginnt die Plünderung. Schauen Sie bitte beide auf die Uhr! Es ist sieben Minuten nach neun. Vergleichen Sie die Uhrzeit!«

Hornbostel und der dicke Herr Mager wollten also auf ihre Uhren blicken und riefen gleichzeitig: »Wieder weg! Beide Uhren!« Tatsächlich, alle zwei Uhren waren verschwunden!

Die Zuschauer waren begeistert.

Da hob der Jokus einen Arm hoch und wollte um Ruhe bitten. Doch in diesem Moment rief ein kleines Mädchen: »Guck mal, Mutti! Der Zauberer hat drei Uhren umgebunden!«

Alle starrten den Professor an. Sogar er selber betrachtete sein Handgelenk und tat verwundert. Drei Armbanduhren glänzten an seinem linken Handgelenk! Die Leute lachten und johlten und klatschten und trampelten vor Wonne mit den Füßen.

Nachdem sich der Jubel gelegt hatte, gab der Jokus höflich die zwei Uhren zurück und sagte: »So, meine Damen und Herren, jetzt wollte ich eigentlich noch einen dritten Zuschauer aus Ihrer Mitte zu mir bitten. Sozusagen als Aufpasser. Doch das Aufpassen hätte außerdem nicht viel genützt. Wissen Sie, warum?«

»Weil Sie trotzdem wie eine Elster geklaut hätten!«, rief eine spindeldürre Frau lachend.

»Irrtum!«, erwiderte der Jokus. »Er hätte deshalb nicht aufpassen können, weil es nichts mehr zu stehlen gibt. Ich habe nämlich schon alles.«

Er klopfte sich auf die Taschen und winkte zwei livrierten Angestellten.

Sie brachten einen Tisch herbei und setzten ihn vor dem Professor nieder.

»So«, sagte er zu den Herren Hornbostel und Mager. »Jetzt spielen wir Weihnachten. Sie drehen sich um, damit Sie mir nicht zusehen können. Und ich lege die Geschenke auf den Gabentisch. Es wird eine schöne Bescherung werden, das verspreche ich Ihnen. Neue Geschenke kriegen Sie allerdings nicht. Es gibt nur ein paar praktische Dinge, die Ihnen längst gehören. Ich beschere Ihnen nicht, was Sie sich wünschen, sondern was Sie sich zurückwünschen.«

»Schade«, meinte der dicke Herr Mager. »Ich hätte gern eine neue Schreibmaschine gehabt.«

Der Professor schüttelte den Kopf. »Tut mir Leid«, sagte er. »Damit wollen wir gar nicht erst anfangen. Sonst wünscht sich Doktor Hornbostel womöglich einen Bechsteinflügel oder eine Wurlitzer Orgel. Nein, Sie drehen sich jetzt brav um und machen die Augen fest zu!«

Die beiden Männer wollten keine Spielverderber sein. Sie kehrten dem Tisch den Rücken und kniffen die Augen zu. Der Professor überzeugte sich persönlich, dass keiner von ihnen zu blinzeln versuchte.

Dann ging er zum Tisch zurück und fing an, seine Taschen umzuwenden und auszuleeren. Es nahm kein Ende, und dem Publikum blieb minutenlang die Luft weg. Das Orchester spielte währenddem ein altes, halb vergessenes Konzertstück. Es hatte den Titel ›Heinzelmännchens Wachtparade‹ und eignete sich schon deshalb vorzüglich.

Nun, ihr erinnert euch ja, wie der Jokus, seinerzeit in Berlin, den Hoteldirektor Hinkeldey ausgeraubt hatte, und so werdet ihr euch bei weitem nicht so wundern wie die zweitausend Menschen im Zirkus. Sie machten »Ah« und »Oh« und riefen »Das ist ja toll!« und »Nun schlägt's dreizehn!«, und einer schrie sogar: »Ich werde verrückt!«

Das Einfachste wird sein, ich zähle die Gegenstände, die er auspackte, in einer Liste auf. Also, er holte aus seinen Taschen:

1 Notizbuch, rotes Leder
1 Kalender, blaues Leinen
1 Drehbleistift, Silber
1 Kugelschreiber, schwarz
1 Füllfederhalter, schwarz
1 Brieftasche, Schlangenleder
1 Scheckbuch, Commerzbank, blau
1 Portemonnaie, braun, Juchtenleder
1 Schlüsselbund
1 Autoschlüssel
1 Tüte Hustenbonbons
1 Krawattennadel, Gold mit Perle
1 Hornbrille mit Futteral, Wildleder, grau
1 Reisepass, deutsch
1 Taschentuch, sauber, weiß
1 Zigarettenetui, Silber oder Nickel
1 Zigarettenpackung, Filter
1 Kohlenrechnung, noch nicht bezahlt
1 Feuerzeug, emailliert
1 Schachtel Streichhölzer, halb voll
1 Paar Manschettenknöpfe, Mondsteine
1 Trauring, mattgold
1 Ring, Platinfassung, Lapislazuli
7 Münzen, Gesamtwert 8 Mark zehn

Das Publikum jubilierte, und die zwei Herren mit den zugekniffenen Augen zuckten bei jedem Jubelschrei und jeder Lachsalve zusammen, als erhielten sie elektrische Schläge. Sie fingerten immer aufgeregter an und in sämtlichen Taschen herum und konnten es kaum noch aushalten. Denn alle ihre Taschen waren so leer wie die Wüste Gobi.

Endlich trat der Herr Professor zwischen sie, legte seine Hände auf ihre Schultern und sagte onkelhaft: »Liebe Kinder, es ist beschert!«

Da drehten sie sich auch schon um, stürzten auf den Tisch los, fielen über ihr Eigentum her und stopften es, unterm Gelächter und Applaus der zweitausend, hastig in ihre Hosen und Jacketts.

Weil das Publikum mit Lachen nicht aufhören wollte, hob der Jokus schließlich die Hand, und nun wurde es still. Auch die Kapelle brach er ab. »Ich freue mich, dass Sie lachen«, sagte er. »Doch hoffentlich handelt sich's nicht um Schadenfreude. Bedenken Sie bitte, dass mein kleiner Gehilfe und ich jeden von Ihnen ganz genauso bestehlen könnten wie die zwei netten Herren an meiner Seite.«

»Kleiner Gehilfe!«, meinte Herr Hornbostel spöttisch. »Wenn ich das schon höre! Vergessen Sie nicht, dass wir gewettet haben!«

»Darüber sprechen wir noch«, antwortete der Professor. »Jedenfalls danke ich Ihnen beiden für Ihre tatkräftige Unterstützung.« Er schüttelte ihnen die Hand, klopfte ihnen auf die Schultern und sagte: »Auf Wiedersehen, und alles Gute auf Ihrem ferneren Lebensweg!«

Die zwei wendeten sich zum Gehen. Doch schon nach dem zweiten Schritt stolperte Doktor Hornbostel und blickte erstaunt auf seine Füße. Er hatte einen Halbschuh verloren und bückte sich, um ihn aufzuheben. Der Jokus kam ihm zu Hilfe und fragte freundlich: »Haben Sie sich wehgetan?«

»Nein«, knurrte der Doktor und musterte den Schuh in seiner Hand, »aber der Schnürsenkel ist nicht mehr da.« Er beugte sich über den Schuh, den er noch am Fuß hatte. »Der andre Schnürsenkel auch nicht!«

»Passiert Ihnen das häufig?«, fragte der Jokus teilnahmsvoll. »Gehen Sie oft ohne Schnürsenkel aus?«

Die Leute begannen wieder zu kichern.

»Ist ja Unsinn«, schnarrte Hornbostel. »Bin doch nicht plemplem!«

»Glücklicherweise kann ich Ihnen aushelfen«, sagte der Jokus. »Ich habe immer Reserveschnürsenkel bei mir.« Er fischte ein Paar Schnürsenkel aus der Tasche. »Bitte sehr.«

»Nützen mir leider nichts. Brauche keine braunen, sondern schwarze.«

»Hab ich auch«, meinte der Jokus und griff in eine andere Tasche. »Hier bitte. Was ist los? Sind sie Ihnen nicht schwarz genug? Schwärzere hab ich nicht.«

»Sie Obergauner!«, rief Doktor Hornbostel. »Sind ja meine eignen!«

»Immer noch besser als gar keine«, erklärte der Professor.

»Und was mach ich mit den braunen? Vielleicht hat der Herr Mager dafür Verwendung?«

»Ich?«, fragte dieser. »Wozu? Ich trage zwar braune Schuhe, aber ...« Er schielte vorsichtshalber, an seinem Bauch vorbei, zu seinen braunen Schuhen, Größe 48, hinunter und zuckte zusammen. »Hallo, hallo!«, rief er amüsiert. »Meine Schnürsenkel sind auch weg! Nun geben Sie die Dinger schon her! Sonst kippe ich auf dem Nachhauseweg aus den Pantinen! Danke vielmals, Meister Langfinger! Warum werden Sie nicht Taschendieb? In einem Monat wären Sie Millionär.«

»Aber ich könnte nachts nicht ruhig schlafen«, erwiderte der Professor. »Schlaf ist sehr wichtig.«

»Da bin ich anders«, erklärte der Dicke gemütlich. »Ich könnte überhaupt erst ruhig schlafen, wenn ich die Million hätte!«

Bevor er in der Beschreibung seiner schwarzen Seele fortfahren konnte, wurde er von dem kleinen fixen Mädchen unterbrochen, das wir schon kennen. »Guck mal, Mutti«, rief das Kind zapplig, »der andre Mann hat plötzlich keinen Schlips um!«

Zweitausend Menschen starrten Herrn Rechtsanwalt Doktor Hornbostel an, der mit der Hand ruckartig an seinen Hemdkragen griff. Tatsächlich, die schöne Krawatte aus Foulardseide war verschwunden! Und weil der ganze Zirkus lachte, wurde Hornbostel unwirsch. »Genug gescherzt!«, sagte er düster. »Ersuche dringend um Rückgabe meiner Krawatte!«

»Sie steckt in Ihrer linken Brusttasche, sehr geehrter Herr Doktor«, meinte der Jokus. Dann gab er beiden die Hand und bedankte sich herzlich für ihre Mitwirkung.

»Gern geschehen«, antwortete der dicke Herr Mager. »Aber lassen Sie meine Hand los, ja? Sonst klauen Sie mir die auch noch!«

Er stapfte seinem Platz zu und machte behutsame Schritte, damit er die Schuhe nicht verlöre. Auf halbem Wege blieb er unvermittelt stehen und sagte: »Wieso rutschen eigentlich meine

Hosen?« Er schlug das Jackett zurück und rief entsetzt: »Meine Hosenträger! Wo sind meine Hosenträger?«

»Nanu!«, sagte der Jokus. »Sollte ich versehentlich ...?« Er befühlte seine Taschen und stutzte. »Hier scheint etwas ... Einen Moment, lieber Herr Mager, ich kann mir zwar nicht vorstellen, dass ich ... Andrerseits ... bei meiner Zerstreutheit ...« Und schon hielt er ein Paar Hosenträger hoch. »Da sind sie ja!«

Das Publikum bog sich. Und als der Doktor Hornbostel, der sich seine Seidenkrawatte umband, nervös das Jackett aufschlug und seine Hosenträger suchte, lachten die Leute noch viel mehr. Aber er hatte sie noch, atmete auf und wischte sich die Stirn. Er schwitzte vor Angst. Dann hob er den Schuh auf, aus dem er herausgekippt war, und humpelte zu seinem Platz in der ersten Reihe.

Die Kapelle spielte einen Tusch. Die Trompeter bliesen vor Lachen falsch. Der dicke Herr Mager nahm seine Hosenträger in Empfang. Und der Professor Jokus von Pokus verneigte sich elegant. »Der kleine Mann und meine eigne Wenigkeit«, sagte er lächelnd, »bedanken sich beim Publikum für die geradezu vorbildliche Aufmerksamkeit.«

Da klatschten alle und schrien »Bravo!« und »Wundervoll!« und »Großartig!«

Doktor Hornbostel aber sprang, kaum dass er saß, wieder in die Höhe, gestikulierte wild und rief: »Was wird aus der Wette? Sie schulden mir hundert Mark!«

Der Professor gab dem Herrn Direktor Brausewetter, der strahlend am Manegenrand stand, ein Zeichen. Der Direktor gab das Zeichen weiter. Und langsam stieg das Rundgitter aus der Versenkung empor, das sonst nur während der Raubtierdressur die Manege vom Publikum trennte.

»Ich zeige Ihnen jetzt meinen Zauberlehrling, den kleinen Mann! Sie können sich überzeugen, dass es ihn gibt! Das Gitter soll nur verhüten, dass Sie ihn und mich vor lauter Verwunderung zerquetschen.« Dann wandte sich der Professor an Herrn Hornbostel: »Damit haben Sie die Wette verloren! Den Hundertmarkschein brauchen Sie mir nicht zu überreichen. Ich habe ihn mir schon aus Ihrer Brieftasche herausgenommen! Zählen Sie bitte nach!«

Doktor Hornbostel zählte sein Geld, flüsterte: »Tatsächlich!«, und sank auf seinen Stuhl.

Der Jokus holte Mäxchen aus der Brusttasche, hielt ihn hoch und rief: »Darf ich Sie mit dem kleinen Mann bekannt machen? Hier ist er!«

Die Zuschauer sprangen auf, polterten die Stufen hinunter, stießen sich, quetschten einander und pressten die Gesichter ans Gitter. »Da ist er ja!«, riefen sie. »Ich seh ihn nicht!« »Doch, doch!« »Wo denn bloß?« »Auf dem Handteller des Professors!« »Oje, ist der klein! Wie ein Streichholz!« »Man hält's doch nicht für möglich!«

Der kleine Mann lachte und winkte ihnen zu.

DAS ZEHNTE KAPITEL

Die Funkstreife greift ein / Der kleine Mann wird zum Zaubergesellen befördert / Zum Applaus gehört zweierlei / Galoppinski braucht eine neue Peitsche / Rosa Marzipan fällt dem Professor um den Hals / Mäxchen lässt grüßen.

Der Erfolg war ungeheuer, und der Zirkus beruhigte sich erst, nachdem mit Sirene und blauem Licht eine Funkstreife gekommen war. Sie hatte dann auch den Professor, den kleinen Mann, die beiden Tauben und Alba, das Kaninchen, in die Mitte genommen und auf Zickzackwegen ins Hotel gebracht. Autos, die ihnen folgen wollten, wurden abgeschüttelt.

Wenig später saßen der Jokus und Mäxchen im Roten Salon des Hotels, bestellten einen Mokka mit Sahne und zwei Löffeln, holten tief Luft, schauten sich an und lächelten.

Der Oberkellner hängte ein Schild mit der Inschrift ›Bitte nicht stören!‹ an die Türklinke, bevor er den Mokka bestellte. Auch er hatte schon von dem sensationellen Erfolg gehört.

»Nun?«, fragte der kleine Mann schüchtern. »Warst du mit mir zufrieden?«

Der Professor nickte. »Du hast sehr sauber gearbeitet. Du weißt ja, dass ich eigentlich noch ein paar Monate warten wollte.«

»Aber es musste doch irgendetwas geschehen«, rief der kleine Mann. »Wir konnten doch die Blamage mit deinem Zauberfrack nicht auf uns sitzen lassen.«

»So eine Schweinerei!«, knurrte der Professor und hieb mit der Faust auf den Tisch. »Galoppinski war wie vor den Kopf geschlagen. Und das arme Pferd!«

»Und unser armes Kaninchen!«, sagte Mäxchen. »Ich dachte schon, es fällt vor Schreck tot um.«

»Hast du sehr geschwitzt?«, fragte der Professor lächelnd.

»Die Hosenträger waren das Schlimmste. Die Metallklemme vorn links wollte und wollte sich nicht öffnen. Zwei Fingernägel hab ich mir abgebrochen. Beim schönen Waldemar geht's viel leichter.«

»Dafür klappte es mit den Schnürsenkeln umso besser«, meinte der Professor. »Das war Maßarbeit. Auch der Trick mit der Krawatte funktionierte.«

»Es ging wie geschmiert«, erzählte Mäxchen. »Der Knoten saß ganz locker. Schwupp, und schon war ich drin.«

»Ja, Foulardseide ist geschmeidig. Damit hatten wir Glück. Glück gehört zum Geschäft.«

Der kleine Mann runzelte die Stirn. »Ich muss dich etwas fragen, und du darfst nicht mogeln.«

»Einverstanden. Schieß los!«

»Ich wüsste es für mein Leben gern.«

»Was denn?«

»Ob du jetzt glaubst, ich könnte eines Tages ein richtiger Artist werden.«

»Eines Tages?«, fragte der Professor. »Du bist es doch schon! Du hast heute Abend deine Gesellenprüfung bestanden!«

»Oh«, flüsterte Mäxchen. Das war alles. Mehr brachte er nicht heraus.

»Du bist jetzt mein Zaubergeselle. Punktum.«

»Die Leute haben bestimmt nicht nur geklatscht, weil ich so klein bin?«

»Nein, Söhnchen. Aber solche Dinge spielen natürlich eine Rolle. Wenn sich der Elefant Jumbo auf einen Podest setzt und die Vorderbeine hochhebt, klatschen die Leute. Warum? Weil er etwas kann und weil er so groß ist. Wenn er nur groß wäre und nichts gelernt hätte, lägen sie lieber daheim auf dem Sofa. Ist das klar?«

»Ziemlich.«

»Zum Applaus gehört zweierlei«, dozierte der Professor. »Nehmen wir ein anderes Beispiel: Wenn die drei Schwestern Marzipan von ihrem Trampolin fünf Meter hoch in die Luft springen und Saltos drehen, klatscht das Publikum begeistert. Warum? Weil sie etwas können und weil sie so hübsch aussehen.«

»Vor allem Fräulein Rosa«, meinte Mäxchen vorlaut.

»Wären die drei Mädchen hässlich, dann gefielen sie dem Publikum nur halb so gut, sogar wenn sie noch zwei Meter höher hüpften.«

»Bei den Clowns gehört auch zweierlei dazu?«

»Freilich! Wenn sie keine dicken roten Nasen hätten und keine viel zu weiten Hosen und keine Schuhe wie Entenschnäbel, wären ihre Späße nicht halb so komisch. So ist es immer.«

»Auch bei dir?«, fragte der kleine Mann neugierig. »Du bist nicht so groß wie Jumbo und nicht so klein wie ich. Du hast keine rote Nase und bist nicht so schön wie die Marzipanfräuleins. Was ist denn nun dein Zweierlei?«

Der Professor lachte. »Ich weiß es nicht«, sagte er schließlich.

»Aber ich weiß es!«, rief der kleine Mann triumphierend. »Erstens bist du ein gewaltiger Zauberkünstler . . .«

»Und zweitens?«

»Heb mich hoch, und ich sage dir's ins Ohr!«

Der Professor hob den kleinen Mann hoch.

»Zweitens«, flüsterte Mäxchen, »zweitens bist du der beste Mensch, den es gibt.«

Erst war es ein Weilchen still. Dann hustete der Professor verlegen und sagte: »So, so. Na ja, irgendeiner muss es schließlich sein.«

Mäxchen lachte leise. Doch gleich darauf seufzte er. »Weißt du, manchmal möchte ich genauso groß sein wie normale Leute. Zum Beispiel in dieser Minute.«

»Warum denn gerade jetzt? Hm?«

»Dann hätte ich richtig lange Arme und könnte sie um deinen Hals legen.«

»Mein lieber Junge«, sagte der Professor.

Und Mäxchen flüsterte: »Mein lieber, lieber Jokus.«

Dann brachte der Oberkellner endlich den Mokka mit zwei Löffeln. »Einen schönen Gruß von der Kaffeeköchin, und den klei-

89

nen Löffel schenkt sie dem kleinen Mann. Es war der kleinste Löffel, den sie in der Küche auftreiben konnte.«

»Und warum kriege ich ihn geschenkt?«, fragte Mäxchen verwundert.

Der Oberkellner machte eine tiefe Verbeugung. »Zur bleibenden Erinnerung an den Tag, an dem du berühmt geworden bist. Die Kaffeeköchin hat das heutige Datum mit einer Spicknadel im Löffel eingeritzt.«

»Mit der Spicknadel?«, fragte der kleine Mann.

»Ganz recht«, erwiderte der Oberkellner. »Sie dient sonst zum Spicken von Hasen- und Rehrücken. Die Köchin fand nichts Spitzeres.«

»Vielen, vielen Dank«, sagte Mäxchen. »Und die Kaffeeköchin glaubt, ich bin jetzt berühmt?«

»Das denkt nicht nur die Kaffeeköchin!«, rief da eine Frauenstimme. Die übermütige Stimme gehörte dem Fräulein Rosa Marzipan. »Da bin ich!«, erklärte das Marzipanmädchen. »Draußen vorm Hotel lauern schon die ersten Journalisten und Fotografen und Onkels vom Rundfunk. Aber der Portier lässt sie nicht herein.«

»Sein Glück!«, knurrte der Professor. »Und wieso hat er dich hereingelassen?«

»Ich weiß es ganz genau!«, rief der kleine Mann und rieb sich die Hände. »Sie hat ihn angesehen und mit den Augen geklimpert!«

»Erraten!«, sagte Fräulein Rosa. »Er schmolz wie Schokoladeneis auf der Zentralheizung. Die Putzfrau musste kommen und den Rest wegwischen.« Dann gab sie Mäxchen einen kleinen

Kuss, weil er so klein war, und dem Jokus einen noch kleineren, weil er so groß war. »Und jetzt habe ich Appetit«, erklärte sie energisch.

»Auf einen Kuss von uns?«, fragte der Professor.

»Nein, auf Rehrücken«, antwortete sie. »Auf gespickten Rehrücken mit Kartoffelkroketten und Preiselbeeren. Und ihr dürft kosten.« Da nahm der Oberkellner die Beine unter den Arm.

Nach dem Essen sagte sie: »So ist das Leben, meine Herren Freunde. Mir hat es geschmeckt, ihr seid berühmt, und Meister Galoppinski braucht eine neue Reitpeitsche.«

»Warum denn?«, fragte Mäxchen wissbegierig.

»Weil die alte in Stücke ging«, berichtete das Fräulein. »Sie kam einige Minuten mit dem Clown Fernando in Tuchfühlung. Das war für die arme Peitsche zu viel. Für Fernando übrigens auch.«

»Wegen der vertauschten Fräcke?«

Rosa nickte. »Ganz recht. Dabei wollte der Clown ja gar nicht den Reiter und das Pferd blamieren, sondern einen gewissen Jokus.«

»Den Jokus?« Der kleine Mann war perplex.

»Fernando ist eifersüchtig. Weil er glaubt, der Jokus sei in mich verliebt.«

»Das stimmt doch auch!«, rief Mäxchen.

Da wurde der Zauberkünstler rot wie eine Blutapfelsine und hätte sich, wenn er's gekonnt hätte, auf der Stelle fortgehext. Oder in eine Zahnbürste verwandelt. Doch das können nur ganz echte Zauberer.

Fräulein Rosa Marzipan blickte ihn mit funkelnden Augen an. »Ist das wahr?«, fragte sie und stand langsam auf. »Ist das wahr?«, wiederholte sie drohend.

»Jawohl«, bemerkte der Jokus finster und betrachtete seine Schuhspitzen, als habe er sie noch nie gesehen.

»Ich könnte dir die Ohren abreißen«, schimpfte sie. »Warum hast du mir das nicht gesagt, du Schurke? Warum bist du nicht längst vor mir in die Knie gesunken, du Elender? Warum hast du mich nicht angefleht, dir mein Marzipanherz zu schenken, du Faultier?«

Der Professor sagte: »Ich werde dir gleich die Hosen straff ziehen!«

Da warf sie die Arme hoch und rief begeistert: »Endlich! Das erste liebe Wort!« Dann fiel sie ihm um den Hals, dass die Teller klirrten.

Mäxchen rieb sich wieder einmal die Hände.

Nach fünf Minuten flüsterte Rosa Marzipan: »Schade, um jeden Tag, den ich's nicht wusste! Wir haben viel Zeit verloren.«

»Mach dir nichts draus«, sagte der Jokus. »Du bist ja noch jung.«

»Freilich«, meinte sie. »Und Marzipan hält sich lange frisch.«

Nach weiteren fünf Minuten hüstelte jemand neben ihnen. Es war der Oberkellner. »Einen schönen Gruß von Mäxchen.«

»Wo ist er denn?«, riefen beide wie aus einem Munde. Sie wurden vor Schreck weiß wie das Tischtuch.

»Oben im Zimmer. Ich musste ihn im Lift hinaufbringen. Er sitzt im Blumentopf auf dem Balkon und sei sehr vergnügt, lässt er ausrichten.«

»Schrecklich«, murmelte der Professor, als der Oberkellner gegangen war. »Wir haben überhaupt nichts gemerkt. Ich bin ein Rabenvater.«

»Höchste Zeit, dass jemand auf euch beide aufpasst!«, erklärte sie. »Ist der Posten noch frei? Ich wüsste wen.«

»Hoffentlich ist es niemand, der auf dem Trampolin herumhüpft«, sagte er.

Sie lächelte. »Ich habe nicht die Absicht, mein Leben lang in der Luft Purzelbäume zu schlagen. Ich bewerbe mich um den Posten, Herr Professor.«

»Sie sind engagiert«, gab er zur Antwort.

DAS ELFTE KAPITEL

Mäxchen im Maiglöckchentopf / Frau Holzer muss ein paar Mal niesen / Beim Facharzt für Unzufriedene / Der kleine Mann wächst und wird ein Riese / Er sieht sich im Spiegel / Der zweite Zaubertrank / Ein völlig normaler Knabe.

Inzwischen saß also der kleine Mann auf dem Balkon in einem Blumentopf. Es war ein Topf aus weißem Steingut. Der Hotelgärtner hatte am Morgen zwanzig Maiglöckchen eingepflanzt, weil er wusste, daß sie Mäxchens Lieblingsblumen waren.

»Gibt es ein Gedicht über den Maiglöckchenduft?«, hatte der Junge früher einmal gefragt. Aber weder der Jokus noch der Gärtner kannten eines.

»Wahrscheinlich wäre es so schwierig wie der vierfache Salto«, hatte der Jokus vermutet.

»Den vierfachen Salto gibt's doch gar nicht!«, hatte der kleine Mann gerufen.

»Eben«, hatte der Jokus geantwortet. »Das ist es ja.«

Nun saß der kleine Mann, wie gesagt, im Blumentopf, lehnte an einem der zartgrünen Stängel, blickte in die weißen Maiglöckchenwipfel empor, schnupperte den sogar für Dichter unbeschreiblichen Duft und dachte über das Leben nach. Man tut das manchmal. Auch als gesunder Junge. Auch als kleiner Mann.

Er dachte an seine Eltern und den Eiffelturm, an den Jokus und Fräulein Marzipan, an die vertauschten Fräcke und den Clown Fernando, an Galoppinskis zerbrochene Peitsche und Herrn Magers Hosenträger, an den lauten Zirkus und die leisen Maiglöckchen und ... und ... und ... Und dann schlief er ein und träumte.

Er lief, klein wie er war, im Traum durch eine endlos lange Geschäftsstraße und wusste sich vor lauter Schuhen und Stiefeln nicht zu retten. Es war lebensgefährlich. Die Passanten hatten es eilig, sahen ihn nicht, trabten mit großen Schritten an ihm vorbei und über ihn weg, und er sprang, aus Angst vor ihren Sohlen und Absätzen, in wildem Zickzack übers Pflaster. Manchmal presste er sich dicht an die Hauswand, um ein bisschen zu verschnaufen. Dann lief er weiter. Das Herz schlug ihm bis zum Hals.

Wenn man ihn zertreten hätte, wäre es keinem Menschen aufgefallen. Und der Jokus hätte sein Mäxchen vergeblich gesucht. Vielleicht wäre ein Straßenkehrer mit dem Besen gekommen und hätte ihn, mit Zeitungspapier und Zigarettenstummeln, auf die Schaufel gefegt und in die Müllkarre geworfen. Welch klägliches und frühes Ende für einen jungen und strebsamen Artisten!

Da! Schon wieder kamen ein Paar schwere Stiefel des Wegs. Im letzten Moment konnte der kleine Mann beiseite springen! Doch dadurch wäre er fast unter den spitzen Absatz eines Damenschuhs geraten. In seiner Verzweiflung machte er einen Luftsprung und kriegte den Saum eines Mantels zu packen. Er kletterte den Mantel hoch, bis zur Schulter hinauf, und setzte sich auf einen breiten Kragen.

Der Kragen gehörte zu einem Flauschmantel. Und der Flauschmantel gehörte einer Frau. Sie bemerkte nicht, dass sie nicht mehr allein war, und so konnte Mäxchen sie in Ruhe betrachten. Es war eine ältere Frau. Ihr Gesicht sah gemütlich aus. Sie schien ein Marktnetz zu tragen und allerlei eingekauft zu haben. Manchmal blieb sie vor einem der Schaufenster stehen und musterte die Auslagen. Einmal musste sie niesen und sagte laut zu sich selber: »Gesundheit, Frau Holzer!« Mäxchen hätte beinahe gelacht.

Als sie vor einem Wäschegeschäft stehen blieb, um die Preise der Tischtücher, Handtücher, Taschentücher, Frottiertücher und Servietten zu begutachten, hatte der kleine Mann Langeweile und las deshalb die Schilder an der Haustür neben dem Schaufenster. Da gab es eine Waschanstalt für schmutzige Kinderhände, ein Erholungsheim für halb tote Lebkuchen und das Schild eines Arztes, das der Junge atemlos anstarrte. War denn das zu glauben? Auf dem Schild stand:

Medizinalrat
Dr. med Konrad Wachsmuth
Facharzt für Unzufriedene

BEHANDLUNG VON RIESEN UND ZWERGEN KOSTENLOS
SPRECHSTUNDEN: JEDERZEIT   1. STOCK LINKS

In diesem Augenblick nieste die Frau noch einmal. »Es wird schönes Wetter«, meinte sie, »die Schöpse niesen!« Und schon wieder hielt sie seufzend die Luft an, und wieder machte sie: »Hatschi!«

Da sagte der kleine Mann: »Gesundheit, Frau Holzer!«

»Danke vielmals«, antwortete sie fröhlich. Dann stutzte sie, drehte sich nach allen Seiten um und frage: »Wer hat mir denn da eben Gesundheit gewünscht?«

»Ich!«, rief Mäxchen fidel. »Aber Sie können mich nicht sehen, weil ich nur fünf Zentimeter groß bin und auf Ihrem Mantelkragen sitze.«

»Fall bloß nicht runter!«, sagte sie besorgt und trat dicht an das spiegelnde Schaufenster heran. »Ich glaube, jetzt seh ich dich. Junge, Junge, bist du aber winzig! So etwas gibt's nicht alle Tage! Willst du mit mir nach Hause kommen? Hast du Hunger? Bist du müde? Tut dir der Bauch weh? Soll ich dir bei mir vielleicht eine Wärmflasche machen?«

»Nein«, erklärte Mäxchen. »Sie sind furchtbar nett, aber mir fehlt nichts. Ich möchte nur, dass Sie mich nebenan in die erste Etage tragen und links bei dem Doktor Wachsmuth klingeln. Klingelknöpfe sind für mich zu hoch.«

»Wenn's weiter nichts ist!«, meinte Frau Holzer resolut, marschierte in den Hausflur, stapfte treppauf und drückte im ersten Stock auf die Klingel. Dabei las sie das Schild. »Was es so alles gibt«, sagte sie. »Ein Facharzt für Unzufriedene?« Sie lachte. »Der würde an mir nicht reich! Von mir aus könnte der Mann . . .«

Doch bevor sie mitteilen konnte, was der Medizinalrat von ihr aus könne, öffnete sich die Tür, und sie erblickten einen alten

Herrn im weißen Arztkittel und mit ungeheuer viel Bart im Gesicht. Er musterte Frau Holzer kurz vom Scheitel bis zur Sohle und schüttelte den Kopf. »Sie haben sich wohl in der Tür geirrt?«, fragte er finster. »Sie sehen so zufrieden aus, dass mir sämtliche Hühneraugen wehtun.«

Sie lachte ihm mitten ins Gesicht. »Herrje, sind Sie ein Giftpilz!«, rief sie. »Sie sollten mal zum Arzt gehen! Beispielsweise zum Doktor Wachsmuth!«

»Wäre zwecklos«, brummte er. »Ich kann allen Leuten helfen, nur mir selber nicht.«

»So sind die Ärzte«, meinte Frau Holzer und wollte weiterreden. Doch sie musste wieder niesen.

»Gesundheit, Frau Holzer!«, sagte der kleine Mann.

Da machte der Medizinalrat Stielaugen. »Teufel, Teufel«, knurrte er, »das ist ein Patient nach meinem Geschmack!« Und schon hatte er Mäxchen gepackt und Frau Holzer die Tür vor der Nase zugeschlagen.

»Warum bist du unzufrieden?«, fragte der Arzt, als sie im Ordinationszimmer waren.

»Ich möchte größer sein«, gab Mäxchen zur Antwort.

»Wie groß?«

»Das weiß ich nicht.«

»Es ist immer dasselbe Theater«, knurrte der Medizinalrat. »Jeder weiß, was er nicht will. Aber was er stattdessen will, das weiß keiner.« Er holte mehrere bunte Arzneifläschchen aus dem Glasschrank und ergriff einen Löffel. »Wie wär's mit zwei Meter fünfzig?«, fragte er trocken. »Noch größer kann ich dich nicht machen, sonst stößt du an die Zimmerdecke. Nun? Heraus mit der Sprache!«

»Zwei Meter fünfzig?« Der kleine Mann blickte ängstlich zum Kronleuchter hinauf. »Und wenn es ... wenn es mir ... wenn es uns nachher nicht gefällt?«

»Dann geb ich dir ein Gegenmittel, und du wirst wieder kleiner.«

»Also gut«, sagte Mäxchen mit zitternder Stimme. »Probieren wir's bitte mit zwei Meter fünfzig!«

Der Medizinalrat brummte allerlei in seinen struppigen Bart, schwenkte aus einer grünen Flasche ein paar Tropfen auf den Löffel und befahl: »Mund auf!«

Der kleine Mann sperrte den Mund weit auf und spürte eine brennende Flüssigkeit auf der Zunge.

»Hinunterschlucken!«

Der kleine Mann schluckte den grünen Saft hinunter. Er brannte in der Kehle und rann wie Feuer bis in den Magen.

Der Struwwelbart blickte den Jungen mit funkelnden Augen an und murmelte: »Gleich geht's los!« Und er hatte Recht.

Plötzlich donnerte es in Mäxchens Ohren. Es zerrte an seinen Armen und Beinen. Die Rippen schmerzten. Die Haare und die Kopfhaut taten weh. Es knackte in den Kniescheiben. Vor den Augen drehten sich Kreise, so bunt wie der Regenbogen, und hundert silberne und goldene Kugeln und Sterne tanzten mittendrin. Er konnte mit knapper Not seine Hände erkennen. Sie wuchsen und wurden immer länger und breiter. Das sollten seine Hände sein?

Schon sah er verschwommen, dass der Glasschrank kleiner

wurde, und der Wandkalender senkte sich tiefer und tiefer. Dann klirrte es ein bisschen, weil er mit der Nasenspitze an den Kronleuchter gestoßen war. Und schließlich gab es einen Ruck wie in einem Fahrstuhl, der zu rasch gestoppt wird!

Die bunten Räder vor den Augen drehten sich langsamer. Die Kugeln und Sterne hörten mit ihrem Tanz auf. In den Ohren verebbte der Donner. Die Haare taten nicht länger weh. Die Glieder schmerzten nicht mehr.

Und die Stimme des Medizinalrats sagte befriedigt: »Zwei Meter fünfzig.«

Aber wo war er denn, der Doktor Struwwelbart mit dem griesgrämigen Gesicht? Mäxchen blickte sich suchend um. Er hatte die Gardinenstange dicht vor der Nase. Der Kronleuchter, der noch ein wenig klirrte und schwankte, hing in Mäxchens Brusthöhe. Oben auf dem Schrank lag fingerdicker Staub. Und Staub lag auch auf der weiß lackierten Holzleiste, die, einen halben Meter unter der Zimmerdecke, die gelbe Tapete abschloss. In der Ecke hoch über der Tür krabbelte eine schwarze Spinne in ihrem Netz. Mäxchen wich entsetzt zurück. Dabei stieß er mit der Hand gegen ein hohes Bücherregal, und aus der obersten Reihe fiel ein Buch zur Erde.

Der Doktor Struwwelbart lachte. Es klang, als meckere ein alter Ziegenbock. Dann rief er spöttisch: »Ist es denn die Möglichkeit? Ich verwandle ihn in einen Riesen, und der Riese erschrickt vor einer Spinne!«

Mäxchen blickte wütend zu dem Schreibtisch hinunter. Der Medizinalrat meckerte noch immer. »Warum lachen Sie mich aus?«, fragte der kleine Mann, der plötzlich so groß war. »Schließlich bin ich kein gelernter Riese, sondern war bis vor kurzem nur fünf Zentimeter lang! Haben Sie noch nie gezittert?«

»Nein«, sagte der Struwwelbart. »Niemals. Ich habe Angst nicht nötig. Wenn mich ein Löwe anspränge, verhexte ich ihn, noch im Sprunge, in einen Buchfinken oder in einen Zitronenfalter.«

»Dann sind Sie gar kein Medizinalrat?«

»Nein. Ich bin auch kein Zauberkünstler wie dein Jokus.«

»Sondern?«

»Ich bin ein richtiger und ganz echter Zauberer.«

»Oha«, flüsterte Mäxchen. Er hielt sich vor Schreck am Schrank fest. Und weil der Schrank wacklig war, zitterten beide, der Schrank und der Riese Max.

»Setz dich auf den Stuhl, damit du in den Spiegel schauen kannst!«, befahl der Zauberer. »Du weißt ja noch gar nicht, wie du jetzt aussiehst.«

Mäxchen nahm Platz, blinzelte in den Spiegel, zuckte zusammen und rief außer sich: »Um alles in der Welt! Das bin ich? Das soll ich sein?« Er hielt entsetzt die Hände vor die Augen.

»Ich finde dich recht passabel«, bemerkte der Zauberer. »Aber deinen eigenen Geschmack, den scheinen wir nicht getroffen zu haben.«

Mäxchen schüttelte den Kopf wie wild und murmelte verzweifelt: »Ich finde mich abscheulich. Eine Giraffe ist nichts dagegen!«

»Wie groß möchtest du denn stattdessen sein?«, fragte der Zauberer. »Aber überlege dir's diesmal gründlicher!«

»Ich wusste es von Anfang an«, sagte Mäxchen zerknirscht. »Doch dann packte mich die Neugierde, und jetzt könnte ich mich links und rechts ohrfeigen.«

»Wie groß willst du sein?«, fragte der Struwwelbart energisch. »Rede nicht um den heißen Brei herum!«

»Ach«, seufzte Mäxchen, »ach, Herr Zauberer – ich möchte so groß sein wie jeder normale Junge in meinem Alter! Nicht größer und nicht kleiner und nicht dicker und nicht dünner und keine Sehenswürdigkeit wie eine seltene Briefmarke oder ein Kamel mit drei Höckern und nicht frecher und nicht ängstlicher und nicht dümmer oder gescheiter und . . .«

»Na schön«, knurrte der Zauberer und griff nach einer roten Flasche und dem Löffel. »Ein ganz normaler Bengel willst du werden? Nichts ist leichter. Sperr den Mund auf!«

Mäxchen, der zweiundeinenhalben Meter große Riese, sperrte brav den Mund auf und schluckte den dicken roten Saft. Er leckte sogar den Löffel ab.

Und schon sauste und donnerte es in seinen Ohren. Der Kopf tat weh. Die Rippen und die Gelenke zwickten und krachten. Das Herz klopfte. Die bunten Kreise wirbelten vor seinen Augen wie ein Feuerwerk.

Und dann wurde es still.

»Schau in den Spiegel!«, befahl der Zauberer.

Mäxchen traute sich kaum. Er hob die Lider nur ein paar Millimeter. Doch dann riss er die Augen weit auf, sprang vom Stuhl hoch und warf, mit einem Jubelschrei, die Arme in die Luft. »Ja!«, schrie er aus Leibeskräften. »Ja! Ja! Ja!«

Und im Spiegel hatte ein Junge die Arme in die Luft geworfen. Ein hübscher Junge von zwölf oder dreizehn Jahren. Mäxchen lief zum Spiegel hin und schlug mit beiden Händen gegen das Glas, als wolle er das Spiegelbild umarmen. »Das bin ich?«, rief Mäxchen.

»Das bist du«, sagte der Zauberer krächzend und lachte. »Das ist Max Pichelsteiner, ein völlig normaler Knabe von fast dreizehn Jahren.«

»Ich bin ja so glücklich!«, sagte Mäxchen leise.

»Hoffentlich bleibt's dabei«, meinte der Medizinalrat. »Und nun schau, dass du weiterkommst!«

»Wie soll ich Ihnen danken?«

Der Zauberer stand auf und zeigte zur Tür. »Geh weiter, und danke mir nicht!«

Das zwölfte Kapitel

»So ein blöder Spiegelaffe!« / Merkwürdige Plakate in der Stadt / Der Direktor Brausewetter heißt plötzlich Brausepulver / Galoppinski nennt sich Traberewski / Sie lachen ihn aus / Nicht einmal der Jokus erkennt ihn / Max und Mäxchen / Es war nur ein Traum.

Jetzt war er endlich so groß, wie sich das für einen richtigen Jungen gehört. Andere Kinder halten so etwas für selbstverständlich. Für ihn aber war es völlig neu. Es machte ihn so stolz, dass er auf der Straße am liebsten jeden Passanten angehalten und gefragt hätte: »Was sagen Sie dazu? Ist das nicht toll?«

Natürlich tat er's nicht. Die guten Leute hätten sich ja auch sehr gewundert und höchstens geantwortet: »Was ist denn daran toll?

Bürschchen in deiner Größe gibt's wie Sand am Meer.« Vielleicht wären sie sogar böse geworden.

Manche wunderten sich, auch ohne dass er sie ansprach. Denn er strahlte, als habe er im Toto gewonnen. Außerdem benahm er sich merkwürdig. Er zuckte mitunter zusammen oder sprang sogar zur Seite, als hätte er Angst, zertreten zu werden. Dann hatte er wohl für einen Augenblick vergessen, dass er nicht mehr der kleine Mann war. Dabei sah er doch jetzt die Gesichter und Hüte und Mützen und nicht mehr, wie vorher, die Schuhe und Absätze. Aber mit alten Gewohnheiten ist das so eine Sache. Man wird sie schwerer los als den Stockschnupfen.

Etwas anderes war noch seltsamer: Er blieb in einem fort vor Schaufenstern stehen. Keineswegs der hübschen, interessanten Auslagen wegen. Sondern wegen des, wie er fand, hübschen und interessanten Knaben, der sich in den Scheiben spiegelte. Er konnte sich an sich selber kaum satt sehen.

Dabei geschah es auch, dass plötzlich jemand hinter ihm sagte: »So ein blöder Spiegelaffe!«

Dieser Jemand war ein Junge in seiner Größe, strohblond und mit einer beachtlichen Zahnlücke. »Das ist nun das zehnte Schaufenster, in dem du dich angaffst«, stellte der Junge fest. »So etwas Dämliches hab ich in meinem ganzen Leben noch nicht gesehen. Nächstens gibst du dir noch einen Kuss! Oder machst dir selber einen Heiratsantrag!«

Mäxchen ärgerte sich zwar. Aber der Kerl konnte ja nicht wissen, wie alles zusammenhing. Deshalb erklärte er ruhig: »Lass mich in Frieden!«

Doch der Strohblonde dachte gar nicht an Ruhe und Frieden,

sondern hechelte weiter. »Schritte machst du wie 'n Baby, das läuft lernt! Komm, gib mir dein Patschhändchen, damit du nicht aufs Köpfchen fällst!«

In Mäxchen begann es zu kochen. »Ich werde dir gleich mein Patschhändchen geben!«, rief er. »Aber auf deine Himmelfahrtsnase!«

»Oh, wie ich mich fürchte!«, witzelte der andre. Dann begann er, Mäxchen auszulachen. »Läuft wie 'n Anfänger und will mich hauen! Hahaha!«

Da wurde es Mäxchen zu bunt. Sein Zorn lief über wie die Suppe im Kochtopf. Er holte aus, schlug zu, und der blonde Knabe saß auf dem Pflaster und hielt sich den Unterkiefer links. Auch Mäxchen war verblüfft. »Tut mir Leid«, sagte er. »Es ist das erste Mal, dass ich wen haue.« Dann ging er seiner Wege.

Außer den spiegelnden Schaufensterscheiben interessierten ihn, von Minute zu Minute immer mehr, die Plakatsäulen. Wohin er blickte, erblickte er sich selber. Das heißt: Die Plakate galten nicht dem normalgroßen Jungen, der er jetzt war, sondern dem kleinen Mann, dem Zauberlehrling, dem winzigen Gehilfen des bedeutenden Professors Jokus von Pokus, die miteinander im Zirkus Stilke auftraten und das Publikum zu Beifallsstürmen hinrissen. Überall war Mäxchen Pichelsteiner zu sehen, und die

Texte schlugen Purzelbaum. Die Litfaßsäulen waren völlig aus dem Häuschen.

Auf einem der Plakate lehnte er an einer Streichholzschachtel, gleich groß wie sie, und die Schachtel und Mäxchen waren mindestens zwei Meter groß. Der Reklametext lautete:

Auf einem anderen Plakat hielt er einen silbern glänzenden und überlebensgroßen elektrischen Rasierapparat in beiden Händen, und die Buchstaben behaupteten unverfroren:

Mäxchen dachte: ›So eine Frechheit! Wo ich doch mindestens noch vier Jahre warten muss, bis mir die ersten Barthaare wachsen! Na, der Jokus wird sich wundern, wenn er den Unsinn liest!‹

Doch die übrigen Plakate waren auch nicht besser. Auf einem dritten, worauf er eine Zigarre rauchte, stand groß und breit:

DER
KLEINE MANN

RAUCHT AM LIEBSTEN
DIE BEKÖMMLICHEN

MANILA

I.SORTE

... und was
rauchen Sie?

ab morgen nur noch **MANILA** I.SORTE

Komische Leute! Was die sich so ausdachten, um ihr Zeug los-
zuwerden! Da versuchten sie nun, den Vorübergehenden weiszu-
machen, der kleine Mann benähme sich wie ein Erwachsener. Wo
man doch wusste, dass er noch ein Junge war! Dort oben links
klebte noch ein Plakat mit seinem Bild! Er balancierte ein Glas in
der Hand, aus dem Perlen hochsprühten, und der Text hieß:

Der kleine Mann

trinkt wie jeder feine Mann
an festlichen Abenden
im Kreise von Freunden und schönen
Frauen den internationalen Spitzensekt

Femina

EXTRA HERB

›So ein Quatsch!‹, dachte Mäxchen. Der Jokus hatte ganz Recht, wenn er manchmal sagte: »Die Reklamefritzen haben Nerven wie Stricke.« Ob die Leute, die das lasen, nun wirklich in die Läden stürzten und die Rasierapparate, Zigarren und Sektflaschen kauften, die ihnen so heftig empfohlen wurden?

Der Junge wollte schon weiterlaufen. Doch da fiel sein Blick auf ein kleineres und etwas bescheideneres Plakat, das er fast übersehen hätte. Es war keine bunte Zeichnung darauf. Auch kein Foto. Aber der Text, den er las, fuhr ihm durch Mark und Bein.

IM ZIRKUS **STILKE**

sehen Sie neben dem erstklassigen Programm
jeden Abend und an drei Nachmittagen

Der große Dieb
und der kleine Mann

Die Sensation der Sensationen!!!
Sie lachen und staunen wie nie vorher!

Karten im Vorverkauf und an der Abendkasse

›Um alles in der Welt!‹, dachte Mäxchen. ›Vielleicht ist heute Mittwoch oder Samstag oder Sonntag? Ich muss zur Nachmittagsvorstellung! Der Jokus weiß ja gar nicht, wo ich bin!‹ Und schon sauste er auf und davon.

Mitten in der Manege saß Herr Direktor Brausewetter, mit weißen Handschuhen und schwarzem Zylinder, und las die Zeitung. Er blickte hoch, weil Mäxchen so stürmisch ins Zelt gejagt kam. »Wo brennt's?«, fragte er.

»Entschuldigen Sie vielmals«, stieß der Junge außer Atem hervor. »Aber ich weiß nicht, ob heute Mittwoch ist!«

Der Direktor zog die Augenbrauen hoch.

»Oder Sonnabend!«, sagte der Junge. »Oder Sonntag!«

»Dir graust wohl vor gar nichts?«, fragte der Direktor ungehal-

113

ten. »Kommst in den Zirkus gerannt und fragst, ob Mittwoch ist! Das grenzt ja an Hausfriedensbruch!« Dann beugte er sich wieder über seine Zeitung.

»Aber Herr Direktor Brausewetter ...« Mäxchen war wie vom Donner gerührt. Warum war der Mann so unfreundlich zu ihm, dem neuen Publikumsliebling?

»Nicht einmal, wie ich heiße, weißt du richtig!«

»Brausewetter ...«

»Ich heiße seit meiner Geburt Brausepulver«, erklärte der Direktor ärgerlich. »Nicht Brausewasser und nicht Brausewetter, sondern Brausepulver! Auch nicht Juckpulver und nicht Schlafpulver, sondern – na?«

»Brausepulver«, sagte Mäxchen leise. Am liebsten wäre er in die Erde gesunken. Doch da kam der Kunstreiter Galoppinski aus der Zeltgasse und fragte: »Worüber ärgern Sie sich denn so, Herr Direktor Brausepulver?«

»Der Bengel hier macht mich nervös«, schimpfte der Direktor. »Rennt in die Manege, fragt mich, ob Mittwoch ist, und nennt mich Brausewetter!«

»Scher dich fort!«, zischte der Reiter. »Auf der Stelle!«

»Aber Herr Galoppinski ...«, sagte Mäxchen erschrocken.

»Da haben Sie's!«, rief der Direktor und schlug die weißen Handschuhe über dem Zylinder zusammen.

»Ich heiße Traberewski und nicht Galoppinski«, rief der Reiter zornig.

»Und heute ist Donnerstag, du Nervtöter!«, knurrte der Direktor. »Geh nach Hause und mache deine Schularbeiten!«

»Ich bin doch Artist«, sagte Mäxchen schüchtern.

114

»Auch das noch!«, meinte der Direktor. »Uns bleibt auch nichts erspart! Was kannst du denn? Hm? Beispielsweise!«

»Schnürsenkel aufziehen«, flüsterte Mäxchen.

Da schrien die beiden Männer auf. Halb lachend und halb vor Wut. Sie machten Gesichter, als werde sie gleich der Schlag treffen. »Das geht zu weit!«, brüllte der Direktor.

Und der Reiter ballte die Fäuste. »Schnürsenkel kann er aufziehen! Das konnten wir schon als Dreijährige!«

Der Direktor schnaufte wie ein Walross. »Ich werde verrückt«, ächzte er. »Schnürsenkel kann er aufziehen! Der Knabe ist ein Genie!«

»Und Hosenträger kann ich aufzwicken«, flüsterte Mäxchen mit Tränen in der Stimme.

»Nun ist aber Schluss!«, donnerte der Direktor. »Das ist der Gipfel der Unverschämtheit!«

»Und Krawattenknoten kann ich aufknüpfen«, fuhr Mäxchen leise und kläglich fort.

Da sprang der Kunstreiter auf ihn los, packte ihn am Kragen und schüttelte ihn hin und her.

Der Direktor erhob sich stöhnend. »Versohlen Sie ihm den Hintern!«, meinte er. »Und werfen Sie ihn vors Portal!«

»Mit dem größten Vergnügen«, antwortete der Reitersmann und legte den Jungen kunstgerecht übers Knie. »Schade, dass ich meine neue Peitsche nicht bei mir habe«, bemerkte er noch. Dann schlug er zu.

»Hilfe!«, schrie Mäxchen, und der Schrei gellte bis zur Kuppel hinauf. »Hilfeeeee!«

In diesem Moment kam der Professor Jokus von Pokus aus

der Stallgasse ins Zelt und fragte: »Wer brüllt denn so erbärmlich?«

»Ich bin's, lieber Jokus!«, rief der Junge. »Bitte, bitte, hilf mir! Die zwei erkennen mich nicht!« Er riss sich los, lief auf den Professor zu und wiederholte außer sich: »Sie erkennen mich nicht!«

»Nur ruhig Blut«, mahnte der Professor. Dann betrachtete er den Jungen und fragte: »Sie erkennen dich nicht?«

»Nein, lieber Jokus!«

»Wer bist du denn?«, fragte der Professor behutsam. »Ich erkenne dich nämlich auch nicht.«

Dem Jungen wurde zumute, als öffne sich die Erde unter seinen Füßen. Ihm wurde schwindlig. Alles drehte sich im Kreise. »Der Jokus erkennt mich nicht«, flüsterte er. »Nicht einmal der Jokus erkennt mich.« Tränen rannen ihm über die Backen.

Es war ganz still geworden. Sogar der Direktor und der Traberewski hielten den Mund.

»Woher sollten wir uns denn kennen?«, fragte der Professor ratlos.

116

»Aber ich bin doch dein Mäxchen«, schluchzte der Junge. Er schlug verzweifelt beide Hände vors Gesicht. »Ich bin doch Mäxchen Pichelsteiner!«

»Nein! Du lügst!«, rief da eine helle Knabenstimme. »Mäxchen Pichelsteiner, das bin ich!«

Der große Junge ließ die Hände sinken und starrte entgeistert auf die Brusttasche des Professors. Aus der Tasche lugte der kleine Mann hervor und fuchtelte wütend mit den Armen. »Bring mich, bitte, fort von ihm! Ich mag Lügner nicht!«

»Lieber Jokus!«, rief der große Junge. »Bleib hier! Bleibe bei mir! Ich hab doch nur dich auf der Welt!«

»Aber Mäxchen«, sagte der Professor. »Warum weinst du denn so schrecklich? Ich bin ja bei dir, und ich bleibe ja bei dir! Hast du schlecht geträumt?«

Mäxchen schlug die Augen auf. Noch hingen ihm Tränen zwischen den Wimpern. Doch er sah das besorgte Gesicht des Jokus über sich. Er roch den Duft der Maiglöckchen und wusste, dass er im Blumentopf saß. Auf dem Balkon des Hotelzimmers. Er hatte nur geträumt, und alles war wieder gut.

DAS DREIZEHNTE KAPITEL

Es war nur ein Traum / Ein Gespräch vorm Einschlafen / Vom Erfinder des Reißverschlusses / Was ist ›viel‹? / Mäxchen ist noch gar nicht müde / Tolle Burschen und dicke Freunde.

»Es war wirklich nur ein Traum?« Der kleine Mann seufzte erleichtert. Ihm fiel ein Kieselstein vom Herzen. »Oh, lieber Jokus, ein Glück, dass du mich endlich wieder erkennst!«

»Ich hab dich nicht wieder erkannt? Na hör mal!«

»Weil ich zu groß war«, berichtete Mäxchen. »So groß wie die anderen Jungen in meinem Alter. Und außerdem steckte ich, so klein wie jetzt und sonst, noch einmal in deiner Brusttasche!«

»Ein Mäxchen und ein Max gleichzeitig? Donnerwetter! Womöglich auch noch ein Moritz und ein Moritzchen?«

Der kleine Mann musste lachen. Es tat zwar noch ein bisschen weh in der Kehle. Aber er würde schon wieder fröhlich werden, das fühlte er. »Nimm mich, bitte, in die Hand«, sagte er. »Da spür ich besser, dass du mich beschützt.«

»Außerdem wird es auf dem Balkon zu kalt«, meinte der Jokus und hob ihn aus dem Blumentopf. »Jetzt badest du in der Seifenschale. Hinterher legst du dich in die Streichholzschachtel. Und dann erzählst du mir, vorm Einschlafen, was du geträumt hast.«

»Alles? Ganz ausführlich?«

»Jawohl. Lang und breit und kurz und klein. Träume haben es hinter den Ohren.« Plötzlich erschrak der Jokus. »Hast du Hunger? Oder hast du im Traum Kalbskeulen und heiße Würstchen gegessen?«

»Nein«, sagte Mäxchen, »es war ein Traum ganz ohne Essen. Aber ich bin trotzdem satt.«

Als die Nachttischlampe brannte, erzählte Mäxchen seinen Traum. Lang und breit und kurz und klein. Von der gemütlichen Frau Holzer und ihrem Niesen. Vom Professor Wachsmuth, der ein echter Zauberer gewesen war und ihn erst in einen Riesen und dann in einen Schuljungen verwandelt hatte. Von dem Ärger mit dem strohblonden Flegel erzählte er auch. Und von den Litfaßsäulen mit den vielen dummen Plakaten. Dann vom Zirkus mit dem Direktor Brausepulver und dem Kunstreiter Traberewski. Und endlich von dem mörderischen Schreck, wie der Jokus dazugekommen war, mit dem kleinen Mann im Jackett, und ihn, das eigentliche Mäxchen, nicht wieder erkannt hatte.

Der Jokus schwieg ziemlich lange. Dann räusperte er sich und sagte: »Da haben wir's. Der Traum hat es verraten. Du wolltest lieber ein normaler Junge sein statt des kleinen Mannes, der du bist.«

Mäxchen nickte bekümmert. »Immer schon. Ja. Ich habe es nur niemandem erzählt. Nicht einmal dir. Obwohl ich dir sonst alles sage.«

»Und plötzlich wurde dir, als du groß warst, angst und bange.«

»Genauso war's«, meinte Mäxchen kleinlaut. »Du hast ja einmal gesagt, man muss etwas sein und etwas können. Und nun war ich nichts und konnte nichts. Als ich dem Direktor und dem Traberewski erzählte, ich könne Schnürsenkel aufziehen, wollten sie sich totlachen.«

»Weil du groß warst! Da kann es jeder. Und es sieht auch jeder. Nur wenn es der kleine Mann macht, sieht es keiner. Das kannst bloß du und sonst niemand.«

»Viel ist das nicht«, sagte Mäxchen.

»Nein«, meinte der Jokus. »Viel ist es nicht. Das stimmt. Doch es ist besser als gar nichts. Denn wer auf der Welt kann viel? Da sitzt, wie es tatsächlich passiert ist, ein Mann jahrelang im Gefängnis und erfindet den Reißverschluss. Heute gibt es so ein Ding an jedem Koffer und an jedem zweiten Kleid. Der Mann hat den Reißverschluss erfunden. Ist das – viel?«

Mäxchen hörte aufmerksam zu.

»Oder es läuft jemand hundert Meter um eine Zehntelsekunde schneller als alle anderen Sprinter sämtlicher Erdteile«, sagte der Jokus, »und die Menschheit wirft vor Begeisterung die Hüte ins Stadion. Also, ich behalte meinen Hut auf dem Kopf. Ein neuer Rekord wurde aufgestellt? Schön und gut. Auch ich freue mich und klatsche in die Hände. Aber ist es – viel?«

»Es ist vielleicht nicht viel«, meinte der kleine Mann. »Aber was ist denn mehr? Was ist denn überhaupt – viel?«

»Einen Krieg verhindern«, erwiderte der Jokus. »Eine Hungersnot beseitigen. Eine Krankheit heilen, die für unheilbar gehalten wurde.«

»Das können wir beide nicht«, sagte Mäxchen.

Der Jokus nickte. »Das können wir beide nicht. Schade. Mit

unseren Künsten ist es nicht weit her. Wir können nur zweierlei. Wir bringen die Leute zum Staunen und zum Lachen. Wir haben keine Ursache, größenwahnsinnig zu werden. Trotzdem werden sich morgen die Zeitungen unsertwegen vor Begeisterung überkugeln.«

»Ganz bestimmt?«

»Es wird wild zugehen, Jungchen. So. Und nun wird geschlafen. Morgen früh ist die Nacht weg.« Der Jokus legte den Kopf aufs Kissen.

»Ich glaube, ich bin noch gar nicht müde«, erklärte der kleine Mann.

»Sehr geehrter Herr Pichelsteiner«, sagte der Professor, »hätten Sie wohl die unendliche Güte, die Kerze auszupusten?«

Mäxchen kicherte und knipste das Licht aus. »Nun bin ich also wieder klein«, murmelte er im Dunkeln. »Doch wenn du in der Nähe bist, ist mir's recht.«

»Du sollst schlafen!«

»Eigentlich sind wir ja zwei ziemlich tolle Burschen«, meinte Mäxchen. »Oder etwa nicht?«

»Doch, doch«, brummte der Jokus. »Tolle Burschen und dicke Freunde. Und du sollst schlafen.«

»Wieso dick?«, fragte der kleine Mann. »Du bist nicht einmal dick, wenn du den Zauberfrack anhast.«

»Du sollst schlafen!«, knurrte der Professor und gähnte, dass es sogar die Maiglöckchen auf dem Balkon hörten.

»Und wie ist das mit dir und dem Marzipanmädchen?«, fragte Mäxchen leise.

»Du sollst schla...«

»Ich schlafe ja schon«, sagte der kleine Mann hastig und schloss den Mund und die Augen. Ob er freilich sofort einschlief, das weiß ich nicht. Denn erstens war es im Zimmer stockfinster. Und zweitens war ich ja gar nicht im Zimmer.

Das vierzehnte Kapitel

Ruhm am Vormittag / Telefonanrufe / Der erste Besucher ist Direktor Brausewetter / Geld ist nicht die Hauptsache, aber die wichtigste Nebensache / Das Kaninchen im falschen Zylinder / Schlagzeilen und Gerüchte.

Der nächste Tag wurde ein denkwürdiger Tag. Mäxchen wachte auf und war berühmt.

Der Chefportier des Hotels, der sich in seiner vierzigjährigen Laufbahn nicht nur beträchtliche Plattfüße, sondern auch beträchtliche Erfahrungen erworben hatte, sagte schon morgens um neun Uhr zu den Telefonfräuleins: »Das wird kein Ruhm mit dem Wurm drin, meine Damen. Das Kerlchen wird berühmt wie der Schiefe Turm von Pisa. Denken Sie an meine Worte!«

»Tag und Nacht«, versicherte Fräulein Arabella treuherzig, und die anderen Mädchen kicherten und hielten die Hand vor die Telefonmuschel.

Doch viel Zeit zum Lachen blieb ihnen heute nicht. Die Anrufe in der Zentrale rissen nicht ab. Alle Welt wollte den kleinen Mann sprechen. Darunter war auch eine aufgeregte Frauensperson. Sie erkundigte sich, ob der kleine Mann schon verheiratet sei.

»Ich habe ihn gestern Abend im Zirkus gesehen«, sagte die Frau, »und bin von ihm völlig fasziniert. Ist er noch zu haben?«

123

»Leider nein«, antwortete Fräulein Arabella. »Er ist seit sechs Jahren mit der Kronprinzessin von Australien verlobt. Und die wird ihn nicht hergeben.«

»Was will er denn bei den Kängurus?«, fragte die Frauenstimme ärgerlich. »Ich habe einen Laden für Baby- und Kinderkleidung. Das wäre für ihn viel gescheiter. Verbinden Sie mich, bitte, mit seinem Zimmer!«

Fräulein Arabella schüttelte den Lockenkopf. »Völlig ausgeschlossen, gnädige Frau! Er darf nicht gestört werden. Reichen Sie doch Ihr Gesuch schriftlich ein! Und vergessen Sie nicht, Ihre werte Fotografie beizufügen. Der junge Herr ist sehr schönheitsdurstig.«

Natürlich waren nicht alle Anrufe so albern wie dieser. Doch auch vernünftigere Telefonate zu Hunderten kosten Zeit und Nerven. Den Fräuleins am Klappenschrank und dem Portier in seiner Loge rauchten die Köpfe.

Indessen saßen der Jokus und Mäxchen auf dem Balkon und frühstückten in aller Gemütsruhe.

»Du sollst den Marmeladenlöffel nicht ablecken«, mahnte der Professor.

»Das gilt ab heute nicht mehr«, behauptete Mäxchen. »Wenn man so berühmt ist wie ich, darf man das.«

»Du hast eine etwas merkwürdige Auffassung vom Berühmtsein«, sagte der Jokus.

Die zwei Tauben saßen im Blumenkasten. Das Kaninchen steckte den Kopf zum Balkongitter hinaus. Für die drei Tiere war der ruhmreiche Tag ein Tag wie jeder andere.

Der kleine Mann zwinkerte vergnügt. »Minna, Emma und Alba«, zählte er auf. »Nun fehlt nur noch Rosa.«

Dann klopfte es dreimal, und der erste Besucher erschien. Es war aber nicht Rosa Marzipan, sondern der Herr Direktor Brausewetter. Mit der einen Hand schwenkte er den Zylinder und mit der anderen Hand überreichte er die Morgenzeitungen. »Der Erfolg ist sensationell«, ächzte er und sank in einen Stuhl. »Die Presse ist, ohne dabei gewesen zu sein, außer Rand und Band. Vor dem Hotel türmen sich die Neugierigen. Der Liftboy ist um Jahre gealtert. Und der Portier hat den Kopf verloren und kann ihn nicht wieder finden.«

Mäxchen lachte, und der Jokus überflog die Zeitungen mit den ersten kurzen Nachrichten über seinen und Mäxchens Riesenerfolg. »Die Lawine rollt«, sagte er befriedigt.

»Noch dazu aufwärts, Herr Professor«, meinte Brausewetter. »Schade, dass wir uns trennen müssen.« Er blickte traurig zu Boden.

»Waaas?«, fragte der kleine Mann. »Das verstehe ich nicht.«

Brausewetter fuhr mit dem Handschuh rund um den Zylinder. »Der Herr Professor dürfte mich schon verstehen.«

»Jawohl«, brummte der Jokus und nickte.

»Ich habe heute Nacht kein Auge zugetan«, sagte Brausewetter und stellte den Zylinder unter den Stuhl. »Ich habe gerechnet und gerechnet. Es geht nicht. Der Zirkus Stilke ist wahrhaftig kein Flohzirkus, sondern genießt in der Zunft und beim Publikum erfreuliches Ansehen. Aber Sie beide sind seit gestern Abend eine Weltnummer, und das kann ich nicht bezahlen.«

Der Jokus entgegnete: »Sie kennen unsren Preis ja noch gar nicht.«

»Nein. Aber ich bin kein heuriger Hase. Ich weiß, welche Summen man Ihnen von andrer Seite bieten wird. Damit kann ich nicht konkurrieren. Denn ich bin ein solider Unternehmer. Ein anderer Direktor würde vielleicht denken: Mit dieser Weltnummer bin ich jeden Abend ausverkauft, auch wenn ich die Familie Bambus auf die Straße setze ...«

»Nein!«, rief Mäxchen.

»Oder wenn ich die Elefanten an einen Zoo verkaufe ...«

»Nein!«, rief Mäxchen.

»Oder wenn ich den Feuerschluckern und den drei Schwestern Marzipan kündige ...«

»Nein!«, schrie Mäxchen aufgebracht. »Das dürfen Sie nicht tun!«

»Ich tu's ja auch nicht«, erklärte Direktor Brausewetter würdig, »und deswegen müssen wir uns eben trennen.«

Der Jokus sagte: »Legen Sie die Karten auf den Tisch! Wie viel können Sie uns zahlen?«

»Das Vierfache Ihrer jetzigen Gage. Doch die anderen werden Ihnen das Zehnfache bieten.«

»Nein«, meinte der Jokus. »Das Zwanzigfache. Ich habe nämlich heute Nacht auch ein bisschen gerechnet. Und Sie, verehrter Herr Direktor, können uns mehr als das Vierfache bezahlen, ohne Ihren Zylinder oder zwei Elefanten ins Leihhaus zu tragen.«

»Wie viel?«

»Das Fünffache.«

Direktor Brausewetter lächelte gequält. »Aber nur, wenn ich mir das Zigarrenrauchen abgewöhne.«

»Das glaubt Ihnen nicht einmal Ihr Zigarrenhändler«, meinte der Jokus.

»Der zuallerletzt«, sagte Brausewetter und lachte müde.

»Hast du alles verstanden, Mäxchen?«, fragte der Jokus. »Aber lege den Marmeladenlöffel fort, bevor du antwortest!«

Mäxchen legte den Löffel beiseite. Dann sagte er: »Ich habe alles verstanden. Wir könnten anderswo fünfmal so viel verdienen wie bei Direktor Brausepulver, nein, Brausewetter. Und auch nur dann, wenn er sich das Rauchen abgewöhnt.«

»Ein aufgewecktes Kind«, bemerkte der Direktor.

»Aber«, fuhr der kleine Mann fort, »wie wäre es, wenn der Zirkus Stilke, weil wir jetzt berühmt sind, die Eintrittspreise erhöht? Nur ein kleines bisschen! Und wenn er uns das bisschen extra auszahlte?«

»Ein gefährliches Kind«, stellte der Direktor fest und begann zu schwitzen.

»Jedenfalls keine üble Idee«, sagte der Jokus. »Doch nun zur

Hauptsache, Jungchen! Du und ich, wir sind jetzt Kompagnons, und deine Meinung ist ab heute so wichtig wie meine eigene.«

»Fein!«, rief der kleine Mann und rieb sich vor Wonne die Hände.

»Was wollen wir tun? Wollen wir bei Direktor Brausewetter bleiben? Oder wollen wir für die fünffache Summe zu einem anderen Zirkus oder in ein so berühmtes Varieté wie das ›Lido‹ in Paris gehen? Überlege dir's gründlich, bevor du antwortest! An unserer Entscheidung hängt sehr, sehr viel Geld.«

Mäxchen furchte die Stirn. »Weißt du schon, was du selber möchtest?«

»Ich weiß es.«

»Ich glaube, ich weiß es auch«, erklärte der kleine Mann. »Ich möchte, dass wir bei Herrn Brausewetter bleiben. Er hat damals meine Eltern engagiert und war immer gut zu mir. Wie ein Onkel.«

»Bravo«, sagte der Jokus. »Wir sind uns also einig.« Er wandte sich an den Zirkusdirektor. »Unser Beschluss ist einstimmig. Wir bleiben Ihnen erhalten.«

»Oh«, murmelte Brausewetter. »Das nenne ich nobel.« Er fuhr sich gerührt über die Augen.

»Die Einzelheiten besprechen wir am Nachmittag«, meinte der Jokus lächelnd. »Das Geschäftliche ist für meinen Partner und mich zwar nicht die Hauptsache, wie Sie gemerkt haben ...«

»Aber?«, fragte Mäxchen neugierig.

»... aber die wichtigste Nebensache«, fuhr der Seniorpartner fort.

Der Direktor verbeugte sich knapp. »Selbstverständlich, Herr

Professor! Selbstverständlich! Immerhin darf ich jetzt der Presse und dem Rundfunk mitteilen, dass Sie bei mir bleiben?«

Der Jokus nickte. »Tun Sie das, mein Bester.«

Und schon sprang Brausewetter hoch. »Dann will ich mich beeilen!« Er angelte den Zylinder unterm Stuhl hervor und setzte ihn vor lauter Übermut schief auf den Kopf. Doch der Zylinder wackelte wie verrückt hin und her. »Was soll das denn heißen?«, fragte er verdutzt und nahm den Zylinder schnell wieder ab.

Da hüpfte, mit einem Riesensatz, das weiße Kaninchen heraus! Es war zu Tode erschrocken und hoppelte eiligst ins Zimmer und ins Körbchen.

»Sie!« Der Jokus drohte Herrn Brausewetter mit dem Finger. »Das ist unlauterer Wettbewerb! Alba hat in fremden Zylindern nichts zu suchen!«

Der Direktor lachte und drohte gleichfalls. »Erzählen Sie das nicht mir, sondern Ihrem Kaninchen!« Und schon lief er, so schnell er seinen Bauch tragen konnte, aus dem Zimmer und aus dem Hotel, um den Redaktionen, dem Funk und den Agenturen brühwarm zu berichten, welches Glück dem Zirkus Stilke widerfahren sei.

Schon wenige Stunden später erfuhren die Leser in der Stadt die große Neuigkeit. Die Boulevardblätter brachten die Meldung sogar auf ihrer ersten Seite. Die großen Überschriften lauteten:

Der kleine Mann bleibt bei Stilke

Artistentreue trotz Welterfolg

Brauſewetter ſchlägt die Konkurrenz aus dem Felde

Zauberprofessor und Zauberlehrling verlängern Vertrag

Der Text der Nachrichten, auch im Funk, war allerdings noch recht mager. Denn wer unter den Reportern war schon, am Abend vorher, zufällig im Zirkus gewesen? Noch gab es keine Fotos in den Zeitungen. Und auch die Ansagerin im Fernsehen vertröstete das Publikum auf die nächste Abendschau.

Der Erfolg war zunächst nicht viel mehr als ein Gerücht. Wer hatte denn ahnen können, dass der Clown Fernando zwei Fräcke vertauschen würde? Und dass sich Professor Jokus von Pokus daraufhin entschlösse, den kleinen Mann der Öffentlichkeit vorzeitig zu präsentieren?

Immerhin, zweitausend Zuschauer hatten die Sensation miterlebt und den winzigen Zauberlehrling mit eignen Augen gesehen.

Das Gerücht, das die Stadt durchlief, hatte also viertausend Beine. Und dass es nur ein Gerücht war, machte das Ganze fast noch spannender, noch aufregender, noch interessanter.

An diesem Abend, vorm zweiten Auftreten des kleinen Mannes, drängten und drängelten sich über hunderttausend Menschen vorm Zirkuszelt.

DAS FÜNFZEHNTE KAPITEL

Die zweite Vorstellung und die zweite Sensation: Mäxchen als Flieger / Das Stilke-Archiv / Ein Filmangebot aus Hollywood / Briefwechsel mit dem Dorfe Pichelstein / Ein königliches Geschenk aus dem Königreich Breganzona.

Hunderttausend Menschen! Das waren achtundneunzigtausend zu viel! Sie belagerten sofort die Kassenschalter für den Vorverkauf, und nach ein paar Stunden gab es für die gesamte Dauer des Gastspiels keinen einzigen Platz mehr, obwohl der Zirkus Stilke noch vierzig Tage in der Stadt bleiben würde und obwohl ein Zuschlag von einer Mark für den Sitz erhoben wurde!

Drei Lieferwagen fuhren das Geld noch in der Nacht zu den Panzerschränken der Wach- und Schließgesellschaft. Sicher ist sicher, dachte Direktor Brausewetter.

Die Vorstellung selber, also die zweite Vorstellung, wurde für den ›Großen Dieb und den kleinen Mann‹ wieder zu einem Triumph. Die Leute vom Fernsehen waren mit ihren Apparaten erschienen. Überall hockten Fotografen mit ihren Kameras und

Blitzlichtern. Die Reporter und die in- und ausländischen Korrespondenten hielten die Augen offen und die Notizblöcke auf den Knien.

Für die übrigen Artisten war der Abend, trotz des ausverkauften Hauses, keine reine Freude. Denn sie alle wussten ja, dass die ungeduldigen Zuschauer samt der Presse und den Ehrengästen nur auf den Jokus und auf Mäxchen warteten.

Ganz recht, Ehrengäste waren auch erschienen. Der Oberbürgermeister mit der goldnen Kette um den Hals, seine zwei Bürgermeister, der Stadtkämmerer, die Stadträte, der amerikanische Generalkonsul, drei Bankdirektoren, ein Schwarm Filmproduzenten, Intendanten und Chefredakteure und sogar der Rektor der Universität, der vor vierzig Jahren zum letzten Mal in einem Zirkus war.

Zwei dieser Ehrengäste holte sich Professor Jokus von Pokus prompt in die Manege und bestahl sie mithilfe des kleinen Mannes nach Noten: den Oberbürgermeister und den amerikanischen Generalkonsul!

Dem Oberbürgermeister stibitzte er zum Schluss die goldne Amtskette, und die Hosenträger knöpfte Mäxchen dem Herrn Generalkonsul ab. Da wurden die zweitausend Besucher schrecklich vergnügt. Und wie der Amerikaner die Hosen verlor – wer, glaubt ihr wohl, lachte am lautesten und am längsten? Der Amerikaner selber! Das machte das Publikum noch viel vergnügter.

Als das Rundgitter hochgestiegen war und der Jokus der staunenden Menge seinen kleinen Mitarbeiter gezeigt hatte, kündigte er eine weitere Sensation an. »Jetzt«, rief er, »wird der kleine Mann

auf dem Rücken seiner Freundin, der Taube Emma, in die Zirkuskuppel emporfliegen und nach einem Rundflug, hoch über unseren Köpfen, sicher und wohlbehalten auf meiner ausgestreckten Hand landen!«

Und so geschah's. Die Kapelle schwieg. Nicht nur, weil es ihr befohlen worden war. Sie hätte ohnedies keinen Ton herausgebracht.

Die einzigen Lebewesen, die während des abenteuerlichen Fluges keinen Funken Angst zeigten, waren Emma und Mäxchen. Er hielt sich mit der Rechten lässig an der blauseidnen Schleife fest, die der Jokus der Taube vorher mit äußerster Sorgfalt um den Hals gebunden hatte.

Emma startete seelenruhig, schraubte sich in Spiralen bis zur Kuppel hinauf, flog dort dreimal die Runde und glitt schließlich, wie ein kleines weißes Segelflugzeug, in eleganten Kurven tief und tiefer, bis sie auf der ausgestreckten Hand des Professors aufsetzte. So hatte diese Hand noch nie im Leben gezittert. Und der Zirkus seufzte erleichtert auf wie ein aus einem Alptraum erwachender Riese.

In der Garderobe sagte der Jokus leise: »Nie hätte ich diesen Flug erlauben dürfen. Niemals.«

»Es war herrlich!«, rief Mäxchen. »Und ich danke dir tausendmal, dass du es mir schließlich erlaubt hast.«

Die beiden Tauben saßen oben auf dem Garderobenspiegel, hatten sich aneinander gekuschelt und gurrten.

Der kleine Mann rieb sich die Hände. »Weißt du, worüber sie reden? Emma hat von dem Rundflug erzählt, und nun ist Minna eifersüchtig. Dabei hat sie das gar nicht nötig.«

»Warum denn nicht?«

»Morgen ist Minna an der Reihe«, sagte Mäxchen.

Über den Welterfolg an dieser Stelle ausführlich zu berichten, ist natürlich ganz unmöglich. Aber der Pressechef des Zirkus Stilke hat alle Fotos, Berichte, Interviews und Briefschaften gewissenhaft gesammelt und geordnet.

Wer sich für solche Einzelheiten interessiert, muss sich an das Stilke-Archiv wenden. Der Pressechef, ein eifriger und gefälliger Mensch, heißt Kunibert Kleinschmidt und gibt auf höfliche Anfragen ziemlich gern Auskunft. (Rückporto beilegen!)

Den Kleinkram lasse ich also beiseite. Dass in den Illustrierten große Fotoserien erschienen, zum Teil schön bunt, das versteht sich ja von selber. Die französische Wochenzeitschrift ›Paris Match‹ brachte Mäxchen, auf dem Handteller des Jokus, als farbiges Umschlagbild. Im Fernsehen konnten Millionen Leute zuschauen, wie Mäxchen die Schnürsenkel des Oberbürgermeisters heimlich aus den Ösen herauszog. Die amerikanische Illustrierte ›Life‹ bot dem kleinen Mann hunderttausend Dollar, wenn er seine Memoiren schriebe und ihr den Vorabdruck überließe. Eine internationale Ärztekommission kündigte ihren Besuch an, weil sie, aus wissenschaftlichen Gründen, die körperliche und geistige Verfassung des kleinen Mannes testen und darüber berichten wolle. Die Filmfirma Metro-Goldwyn-Mayer verhandelte, wegen eines Breitwandfilms, mit Mäxchen und dem Professor in den Hauptrollen. Ein Zündholzkonzern bat um die Lizenz, seine Streichholzschachteln künftig mit einem Schildchen bekleben zu dürfen, worauf ›Der kleine Mann gibt Ihnen Feuer‹ stehen sollte.

Manches erlaubte der Jokus. Manches lehnte er, rundweg oder wenigstens vorläufig, ab. »Aber den Film in Hollywood, den könnten wir doch machen«, sagte Mäxchen.

Der Professor schüttelte den Kopf. »Das hat Zeit. Später einmal. Immer hübsch eins nach dem andern.«

Einiges muss ich aber doch etwas ausführlicher erzählen. Zum Beispiel die Sache mit dem Brief aus dem Dorfe Pichelstein, der eines Tages eintraf. Er lautete folgendermaßen:

Lieber und verehrter Max Pichelsteiner!

Wir haben dich neulich im Fernsehen bewundern können, indem ja der Gastwirt zur Blauen Gans und weitere achtunddreißig Familien einen solchen Apparat ihr Eigentum nennen. Es war höchst großartig und wir sind mächtig stolz auf dich sowie dein Können. Wir haben alle deine Eltern gut gekannt, bevor sie das Dorf verließen, und du bist ihnen wie aus den Gesichtern geschnitten. Nur noch viel kleiner und fast noch viel ähnlicher als sie selber. Ein echter Pichelsteiner, haben wir gleich gerufen und auf dich angestoßen. Es war sehr feierlich und unvergesslich.

Von den Schnürsenkeln bis in die Zirkuskuppel konnten wir dir folgen, bis uns schwindlig wurde, sodass wir beschlossen, dich einstimmig zum Ehrenmitglied unsres Turnvereins zu küren, was du nunmehr bist. Wir hoffen, dass dich das so freut wie es uns ehrt.

Unserm kleinsten Mann und größten Turner ein dreifaches „Frisch, fromm, fröhlich, frei!"

Dein
Ferdinand Pichelsteiner
1. Vorstand und 1. Vorturner des Turnvereins Pichelstein (T. V. 1872)

Mäxchen freute sich über den etwas unbeholfenen Brief so sehr, dass er zu Rosa Marzipan sagte: »Weißt du was? Ich möchte diesem Ferdinand gleich antworten. Darf ich dir den Brief diktieren und mich dabei auf die Schreibmaschine setzen?«

Das Marzipanmädchen, das neuerdings oft im Hotelzimmer war und dem Jokus bei der Korrespondenz half, erklärte: »O. K., junger Freund«, spannte einen Briefbogen ein, setzte den kleinen Mann auf den Wagen der Reiseschreibmaschine und meinte: »Ich bin ganz Ohr!«

Mäxchen diktierte ihr also den Dankeschön-Brief an Ferdinand Pichelsteiner und fuhr, während Rosa tippte, auf dem Wagen

nach links, bis das Klingelzeichen ertönte. Dann schob sie die
Walze samt dem kleinen Mann nach rechts, und die Fahrt begann
von neuem.

Als er gerade diktierte: »Ihr dankbarer Mäxchen Pichelsteiner,
Artist«, trat der Jokus ins Zimmer. Er hatte unten in der Hotelhalle mit dem Anwalt einer Nürnberger Spielzeugfabrik verhandelt und sagte: »Büroschluss, meine Herrschaften! Gleich gibt's
Kaffee mit Apfelkuchen!«

Rosa wollte schon den Briefbogen ausspannen, da rief Mäxchen aufgeregt: »Bitte, noch nicht! Ich habe was Wichtiges vergessen!« Und nun diktierte er noch einige Sätze, die mit der
Ehrenmitgliedschaft im Turnverein nicht das Mindeste zu tun
hatten:

> Weil alle Pichelsteiner sehr klein sind,
> könnte es vielleicht sein, dass es in Pichel-
> stein ein Mädchen in meinem Alter gibt, das
> auch in der Größe zu mir passt. Wenn es
> das gäbe, wäre ich überglücklich. Der Jokus,
> mein bester Freund, hätte ganz bestimmt
> nichts dagegen, wenn sie mich bald einmal
> besuchte und möglichst lange bei uns bliebe.

»Sie dürfte natürlich auch ihre Eltern mitbringen«, sagte der Jokus. Und Mäxchen diktierte:

Sie dürfte natürlich auch ihre Eltern mitbringen. Wir würden gleich das Reisegeld schicken. Und wenn Sie in Pichelstein kein so kleines Mädchen haben, sondern einen Jungen, dann wäre es fast genauso schön. Ein Mädchen wäre mir im Grunde lieber, denn ein Junge bin ich ja selber. Was mir manchmal fehlt, ist ein Freund in meiner Größe ...

Der kleine Mann hielt den Kopf gesenkt, während er diese Sätze diktierte und auf dem Wagen der Schreibmaschine hin- und herfuhr.

Das Marzipanfräulein und der Jokus wechselten einen verständnisvollen Blick. »Weißt du was?«, sagte Rosa zu dem kleinen Kerl. »Den Briefschluss mit dem üblichen Drum und Dran und Winkewinke brauchst du mir nicht zu diktieren. So was kann ich freihändig aus dem Stand.«

Mäxchen nickte und murmelte: »Danke schön.«

Bei dieser Gelegenheit muss ich einen anderen wichtigen Brief erwähnen. Der Absender war König Bileam von Breganzona. In seinem Königreich, aber auch im Ausland, heißt er seit langem Bileam der Nette. Und jeder, der ihn kennt, behauptet, das sei noch viel zu wenig. Eigentlich müsse er Bileam der Beste heißen.

Er trägt eine goldne Krone und einen schwarzen Hut, und zwar beides gleichzeitig. Die juwelengeschmückte Krone ist nämlich

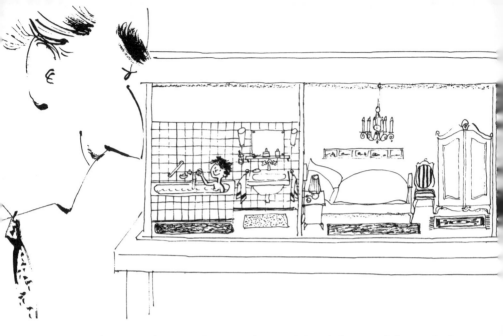

auf der Hutkrempe festgenäht, und das sieht gar nicht so übel aus. Doch genug über Hutmoden.

Jedenfalls, auch dieser König Bileam schickte einen Brief. Auch er und die Königin und der Kronprinz und die Prinzessin seien von der Übertragung im Fernsehprogramm begeistert gewesen. Hoffentlich mache der Zirkus Stilke recht bald Ferien. Dann müssten der kleine Mann und sein Professor sofort und unbedingt als Gäste nach Breganzona ins Residenzschloss kommen. Prinzessin Judith und Osram, der zehnjährige Kronprinz, könnten es kaum erwarten.

Zunächst einmal hätten die beiden Kinder ihre Sparbüchsen ausgeleert und für den kleinen Mann ein Geschenk besorgt und abgeschickt, das ihm vielleicht Freude machen würde.

142

Schon zwei Tage später trafen zwei stabile Kisten ein. ›König-liches Geschenk‹ stand auf den Kisten, und das war nicht übertrie-ben. Die eine Kiste enthielt eine komplette Wohnung in Spiel-zeuggröße: ein Wohnzimmer, ein Schlafzimmer, eine Küche mit Elektroherd und ein Badezimmer mit kaltem und heißem Was-ser. Kleine Lampen, Wasserspeicher, auswechselbare Batterien – alles war vorhanden, nichts hatte man vergessen, es war ein klei-nes Wunderwerk!

In der zweiten Kiste befand sich ein großer niedriger Tisch, worauf die vier Zimmer nebeneinander bequem Platz hatten. Eine Cellophantüte hätten Rosa und der Jokus beim Auspacken ums Haar übersehen und mit der Holzwolle fortgeworfen. Das

143

wäre schade gewesen. Denn in der Tüte steckte eine schmale seidene Strickleiter, die man an der Tischplatte festhaken und auf deren Sprossen Mäxchen zu seiner komfortablen Eigentumswohnung emporklettern konnte.

Das tat er auch, kaum dass die Wohnung auf dem Tische stand. Er war selig, als er so durch die Räume spazierte, das Licht einschaltete und auf dem Küchenherd, in einer der winzigen Pfannen, ein Häppchen Rindsfilet briet, das der Kellner, mit einem Klecks Butter und klein gehackter Zwiebel, angebracht hatte. Sie kosteten alle, auch der Kellner, und fanden die Kostprobe vorzüglich.

Mäxchen selber konnte nicht mitreden. Denn für ihn war nichts übrig geblieben.

Nach der Zirkusvorstellung badete er in der eignen Badewanne und sagte zum Jokus, der amüsiert zuschaute: »Das ist natürlich ganz etwas andres als die blöde Seifenschale.«

Dann legte er sich in das himmlisch weiche Bett im eignen Schlafzimmer, dehnte sich behaglich und murmelte: »Das ist natürlich ganz etwas andres als die alte Streichholzschachtel.«

Aber am nächsten Morgen, da lag er in der alten Streichholzschachtel auf dem alten Nachttisch.

»Nanu«, sagte der Jokus. »Was ist denn passiert?«

Der kleine Mann lächelte verlegen. »Ich bin mitten in der Nacht umgezogen.«

»Und warum?«

»Die alte Streichholzschachtel ist natürlich ganz etwas andres«, erklärte Mäxchen.

DAS SECHZEHNTE KAPITEL

*Der kleine Mann am eignen Herd / Ruhm strengt an / Und Ruhm
macht müde / Der zweite Brief aus Pichelstein / Nürnberger Spielzeug / Ein Lied wird populär / Der Jokus macht eine schreckliche
Entdeckung: Mäxchen ist spurlos verschwunden!*

Das Geschenk des Königs Bileam und seiner zwei Sprösslinge war
für die Fotoreporter wieder einmal, wie es so treffend heißt, ein
gefundenes Fressen. Sie drängten sich mit ihren Apparaten ins
Hotelzimmer, knipsten, was das Zeug hielt, und bescherten der
Welt neue Bildserien mit prächtigen Unterschriften: ›Der kleine

145

Mann mit Schürze und Kochmütze am eignen Herd‹, ›Der kleine Mann hält im neuen Schaukelstuhl Siesta‹, ›Der kleine Mann vor dem Regal mit seiner Miniaturbücherei‹, ›Der kleine Mann im Himmelbett aus Breganzona‹, ›Der kleine Mann zum ersten Mal in einer Badewanne‹, ›Der kleine Mann zeigt den Tauben Minna und Emma seine Gemächer‹ – es wollte kein Ende nehmen.

Als die nervenlosen Burschen mit ihren Kameras und Blitzlichtern schließlich verschwunden waren, zog sich Mäxchen ärgerlich an den Haaren und rief dreimal hintereinander: »Warum bin ich nicht der Leutnant Unsichtbar?«

»Ruhm strengt an«, bemerkte der Jokus. »Das gehört sich so. Außerdem werden wir die Fotos in ein Album kleben und nach Breganzona schicken. Da werden sich der König und die Königskinder sicher freuen.«

»Das machen wir«, sagte der kleine Mann. »Aber die Einladung müssen wir vorläufig ablehnen. Ruhm strengt an.« Dann schlüpfte er in seinen Trainingsanzug und kletterte eine Stunde auf dem schönen Waldemar herum. Danach legte er sich in die Streichholzschachtel, gähnte gewaltig und murmelte vorm Einschlafen: »Ruhm macht müde.«

Wenige Tage später kam ein zweiter Brief aus Pichelstein. Ferdinand Pichelsteiner, der Erste Vorsitzende des Turnvereins, schrieb dem hochverehrten Ehrenmitglied, dass das Dorf weder mit einem Mädchen noch einem Knaben in Mäxchens Größe dienen könne. Allerdings seien immer wieder einmal junge Ehepaare in die weite Welt gezogen. Was aus den meisten geworden ist, hieß es weiter, *haben wir leider nicht erfahren. Sie haben uns nicht einmal mitgeteilt, ob sie noch leben oder schon gestorben sind. Geschweige ob aus ihnen was geworden ist oder nichts.*

Sollten wir etwas Passendes hören, hörst du gleichzeitig. Das verspreche ich dir fest in die Turnerhand. Ich bin fünfzig Jahre alt und immer noch aktiv. Besonders am Hochreck.

Dein getreuer Namensvetter
Ferdinand Pichelsteiner

Der Jokus faltete langsam den Brief zusammen und sagte: »Nimm's nicht zu schwer, Kleiner!«

»Ach wo!«, meinte Mäxchen. Er saß in seinem niedlichen Wohnzimmer auf dem grünen Sofa und baumelte mit den Beinen. »Es wäre natürlich schön gewesen. Noch dazu jetzt, wo ich die Wohnung habe. Das Mädchen hätte in meinem Bett schlafen können. Denn in der Streichholzschachtel gefällt's mir sowieso besser.«

»Das neue Bett ist doch viel bequemer.«

»Schon, schon«, sagte Mäxchen. »Aber es ist von deinem Bett zu weit weg.«

Habe ich eigentlich schon den Rechtsanwalt erwähnt, mit dem sich der Jokus in der Hotelhalle unterhalten hatte? Er war im Auftrag einer Nürnberger Spielzeugfabrik da gewesen. Sie hatten miteinander verhandelt. Sie hatten sich geeinigt und Verträge unterschrieben. Und eines Tages war es dann so weit. Die Nürnberger Fabrik schickte ein Päckchen mit zehn Streichholzschachteln.

Mit zehn Streichholzschachteln? Ja. Voller Streichhölzer? Nein. Sondern in jeder Schachtel lag, auf weißer Watte, ein kleiner Mann! Zehn kleine Männer, unserem Mäxchen zum Verwechseln ähnlich! In zehn Pyjamas, grau und blau gestreift, genau wie der Schlafanzug, den Mäxchen besonders gern hatte. Die

148

zehn Mäxchen waren in den Gelenken beweglich. Man konnte sie aus den Schachteln herausnehmen und aufstellen. Man konnte sie wieder hineinsetzen. Man konnte sie langlegen, als ob sie schliefen.

Kurz und gut, es handelte sich um ein neues Spielzeug, das bald danach in allen Ländern und Geschäften, aber auch an der Zirkuskasse verkauft wurde und der Spielzeugfabrik viel Geld einbrachte. Aber nicht nur ihr, sondern auch dem ›Großen Dieb und dem kleinen Mann‹. Sie waren mit acht Prozent am Umsatz beteiligt. Deswegen hatte ja der Jokus mit dem Nürnberger Rechtsanwalt in der Hotelhalle verhandelt. Denn der Professor Jokus von Pokus war nicht nur ein berühmter Zauberkünstler, sondern auch ein tüchtiger Geschäftsmann.

Das glaubt ihr nicht? Ihr denkt, ein tüchtiger Geschäftsmann wäre nicht beim Direktor Brausewetter geblieben, sondern – hast du was, kannst du – zu einem reicheren Zirkus abgewandert? Nun, auch ein tüchtiger Geschäftsmann darf zuweilen freundlich handeln. Sonst ist er eine zweibeinige Rechenmaschine und wird nicht nur den anderen, sondern auch sich selber eines Tages meterweit zum Halse heraushängen.

Von dem neuen Spielzeug hätte ich übrigens nicht so ausführlich erzählt, wenn nicht eine dieser verflixten Nürnberger Streich-

149

holzschachteln im nächsten Kapitel eine wichtige Rolle spielen würde. Aber habt noch ein bisschen Geduld. Denn...

Denn zuvor möchte ich euch noch von einem Lied berichten, das um die gleiche Zeit entstand und sehr schnell populär wurde. Man konnte es auch als Schallplatte kaufen. Es wurde im Rundfunk gesungen, und in den Lokalen tanzte man danach. Die Musik hatte Romano Korngiebel, der Kapellmeister des Zirkusorchesters, komponiert. Wer am Text schuld war, weiß ich nicht. Der Titel hieß

Das Lied vom kleinen Mann

Ich habe sogar ein paar Strophen im Kopf behalten. Es begann folgendermaßen:

> Was ist denn bloß geschehn?
> Die Menschen stehn und reden,
> und jeder Mensch fragt jeden:
> Haben Sie den kleinen Mann gesehn?
> Man fragt zehn Polizisten,
> die's schließlich wissen müssten.
> Drauf rufen alle zehn:
> »Wen?«

So wurden alle möglichen Leute gefragt, ob sie den kleinen Mann gesehen hätten. Bis es hieß:

Da ruft 'ne dicke Frau:
»Ich kenn ihn ganz genau!
Er schläft bis früh halbachtel
in einer Streichholzschachtel.
Dann frühstückt er Kakao.
Er wiegt fünf Zentimeter,
misst achtundfünfzig Gramm
und wechselt manchmal Briefe
mit König Bileam.
Am Abend stiehlt der Knabe
im Zirkus wie ein Rabe.
Doch gibt er Stück für Stück,
wie sich's gehört...«

Hier reißt mein Gedächtnisfaden wieder ab. Nur an den Schluss
kann ich mich noch erinnern. Da hieß es, wer den kleinen Mann
sehen wolle, müsse sich außerordentlich beeilen, da er neuerdings
und zusehends noch viel kleiner werde:

Ab Dienstag sieht ihn keiner mehr.
Er wird tagtäglich kleinerer.
Am Montag hat's noch Zweck.
Doch am Dienstag, am Dienstag,
am Dienstag ist er weg!

›Am Dienstag ist er weg!‹ Diese letzte Zeile des Liedes sollte sehr
bedeutungsvoll werden. Und zwar auf so schlimme Weise bedeutungsvoll, dass ich mich kaum getraue, es niederzuschreiben.

Bitte erschreckt nicht zu sehr! Ich kann's nicht ändern, und ich darf's nicht verschweigen. Es hilft alles nichts. Wie fange ich's nur an? Haltet euch am Stuhl oder an der Tischkante oder am Kopfkissen fest! Und zittert nicht zu sehr! Das müsst ihr mir versprechen. Sonst erzähle ich's lieber nicht. Einverstanden? Nicht zu sehr zittern! Also:

Am Dienstag war er weg!

Wer?

Mäxchen war weg!

Er war wie vom Erdboden verschwunden.

Als der Jokus ins Hotelzimmer trat, hüpften Emma und Minna nervös auf dem Schrank hin und her. Der Jokus fragte Mäxchen, der friedlich in seiner Streichholzschachtel lag: »Was ist denn mit den beiden Tauben los? Hast du eine Ahnung?«

Da der kleine Mann nicht antwortete, sagte der Professor: »He, junger Freund, hast du die Sprache verloren?«

Es blieb still.

»Mäxchen Pichelsteiner!«, rief der Jokus. »Ich rede mit dir! Wenn du nicht auf der Stelle antwortest, krieg ich Magenschmerzen!«

Kein Wort. Kein Lachen. Nichts.

Da durchfuhr den Jokus ein Schreck, so schnell und grell wie ein Blitz. Er beugte sich über die Streichholzschachtel, riss die Zimmertür auf, stürzte in den Korridor hinaus und schrie: »Mäxchen, wo bist du? Mäxchen!«

Nichts. Totenstille.

Der Jokus rannte ins Zimmer zurück, riss den Telefonhörer von der Gabel und musste sich setzen, so schwach war ihm zumute. »Zentrale? Verständigen Sie sofort die Kriminalpolizei! Mäxchen ist verschwunden! Der Hoteldirektor ist dafür verantwortlich, dass niemand das Haus verlässt! Kein Gast und kein Angestellter! Fragen Sie nichts! Tun Sie, was ich Ihnen gesagt habe!«

Er knallte den Hörer auf die Gabel, sprang auf, trat zum Nachttisch und feuerte die Streichholzschachtel samt Mäxchen mit aller Gewalt gegen die Wand!

Denn es war ja gar nicht Mäxchen. Sondern eine der verdammten Nürnberger Spielzeugschachteln mit der kleinen Puppe im graublau gestreiften Schlafanzug.

DAS SIEBZEHNTE KAPITEL

*Aufregung im Hotel / Der falsche Etagenkellner / Es riecht nach
Krankenhaus / Kriminalkommissar Steinbeiß erscheint / Mäxchens
Erwachen / Eine wichtige Durchsage im Rundfunk / Otto und
Bernhard / Der kleine Mann wünscht ein Taxi, und Otto kriegt
einen Lachanfall.*

Es konnte sich nur um Menschenraub handeln. Doch wer hatte
Mäxchen geraubt? Und warum hatte er's getan? Noch dazu mit
allem Vorbedacht? Denn er hatte ja den kleinen Mann mit der
Puppe ausgetauscht, damit man die Entführung nicht sofort entdecken solle!

Eines der Stubenmädchen hatte einen Kellner aus dem Zimmer
herauskommen sehen. Nein, sie habe ihn nicht gekannt, aber gedacht, er sei zur Aushilfe aus einem anderen Stockwerk gerufen
worden. Doch weder die Etagenchefs noch das Restaurant hatten
dergleichen angeordnet.

»Vermutlich war es also überhaupt kein Kellner«, sagte der

Hoteldirektor, »sondern ein Verbrecher, der sich eine weiße Jacke übergezogen hatte.«

Das Stubenmädchen fragte: »Warum hat denn der Junge dann nicht um Hilfe geschrien? Ich hätte es todsicher gehört.«

»Man hat ihn betäubt«, erklärte der Jokus. »Riechen Sie nichts?«

Die beiden anderen steckten die Nasen in die Luft und schnupperten. Der Hoteldirektor nickte. »Stimmt, Herr Professor. Es riecht nach Krankenhaus. Chloroform?«

»Äther«, antwortete der Jokus. Er war am Verzweifeln.

Auch Kriminalkommissar Steinbeiß, der die Untersuchung leitete, konnte nichts Tröstliches berichten. Er hielt, als er ins Zimmer trat, eine weiße Kellnerjacke in der Hand. »Wir fanden sie in einer der Mülltonnen, die im Hofe stehen. Der Mann ist wahrscheinlich durch den Lieferanteneingang entwischt, noch ehe abgesperrt wurde.«

»Sonst?«, fragte der Hoteldirektor. »Irgendein Fingerzeig?«

»Nichts«, sagte Kommissar Steinbeiß. »Ich habe meine Beamten wieder fortgeschickt. Sie haben eine Stunde lang jeden Menschen, der das Hotel verlassen wollte, nach Streichholzschachteln abgesucht. Es war zwecklos. In keiner Schachtel befand sich der kleine Mann. In allen Schachteln steckten Streichhölzer.«

»Der Flugplatz, die Bahnhöfe, die großen Ausfallstraßen?«, fragte der Jokus.

»Wir tun, was wir können«, antwortete Steinbeiß. »Viel Hoffnung habe ich nicht. Eher findet man die sprichwörtliche Stecknadel im Heuschober.«

»Der Rundfunk?«

»Gibt jede halbe Stunde unsere Suchmeldung durch. Auch die von Ihnen ausgesetzte Belohnung von zwanzigtausend Mark wird regelmäßig bekannt gegeben.«

Der Jokus trat auf den Balkon und blickte zum Himmel hinauf. Doch auch dort oben konnte er sein Mäxchen nicht entdecken. Nach einer Weile drehte er sich um und sagte: »Ich möchte die Belohnung erhöhen. Wer uns den entscheidenden Hinweis gibt, erhält von mir 50000 Mark.«

»Der Rundfunk wird umgehend verständigt«, meinte der Kommissar. »Vielleicht nützt es. Wenn es sich um eine mehrköpfige Bande handelt, könnte einer der Kidnapper singen. 50000 Mark sind kein Pappenstiel.«

»Warum denn singen?«, fragte das Stubenmädchen. »Für 50000 Mark singen? Und was hätten wir davon?«

Der Kommissar winkte ungeduldig ab. »Singen ist ein Fachausdruck und bedeutet so viel wie verraten.«

»Ich verstehe das Ganze nicht«, sagte der Hoteldirektor. »Was, um alles in der Welt, will man mit einem geraubten Jungen anfangen, der fünf Zentimeter groß ist und so bekannt wie Chaplin und Churchill? Man kann ihn an keinen anderen Zirkus verkaufen. Man kann ihn nicht einmal privat herumzeigen. Nicht eine Minute lang! Im Handumdrehen wäre die Polizei da.«

Das Stubenmädchen machte ein geheimnisvolles Gesicht. »Vielleicht will man den Herrn Professor erpressen?«, flüsterte sie. »Vielleicht gibt man ihm Mäxchen erst zurück, wenn er nachts ein Paket mit furchtbar viel Geld in einen hohlen Baum gesteckt hat? So was soll vorkommen.«

Der Hoteldirektor zuckte die Achseln. »Dann müsste die Bande aber doch anrufen oder einen Eilbrief schicken!«

»Oder es sind ganz einfach ein paar Verrückte«, fuhr das Stubenmädchen eifrig fort. »Das gibt es nämlich auch. Dann ist man völlig machtlos.« Wer weiß, was sie noch alles aufs Tapet gebracht hätte, wenn nicht plötzlich Rosa Marzipan ins Zimmer gestürzt und dem Professor aufschluchzend und mit den Worten »Mein armer Jokus!« um den Hals gefallen wäre.

Hinter ihr erschien, gemessenen Schrittes, Herr Direktor Brausewetter. Er trug den Zylinder in der Hand und an den Händen, wie immer außer im Bett, Glacéhandschuhe. Ihre Farbe war heute mittelgrau. Schwarze Handschuhe zog er nur bei Begräbnissen an und weiße nur bei fröhlichen und festlichen Anlässen. In Handschuhfarben war er äußerst wählerisch.

»Lieber Herr Professor«, erklärte er, »wir sind tief bestürzt, und ich soll Ihnen die Anteilnahme aller Kollegen übermitteln. In der Betriebsversammlung wurde vor zehn Minuten der einstimmige Beschluss gefasst, nicht aufzutreten, ehe der kleine Mann wieder in unserer Mitte weilt. Bis dahin bleibt der Zirkus Stilke geschlossen.«

»Soll das helfen?«, fragte das Stubenmädchen.

Direktor Brausewetter blickte sie schief an. »Zunächst einmal ist es ein sichtbares Zeichen der Freundschaft und der Solidarität, meine Liebe!«

»Und vielleicht hilft es sogar«, meinte Kommissar Steinbeiß. »Es erhöht die allgemeine Aufmerksamkeit.«

Rosa Marzipan schüttelte die Locken. »Hier kann nur einer helfen.«

Der Hoteldirektor machte große Augen. »Wer denn?«

»Du hast ganz Recht«, sagte der Jokus zu Rosa. »Er ist unsre einzige Hoffnung.«

»Wer denn?«, wiederholte der Hoteldirektor.

Das Marzipanfräulein sagte nur: »Mäxchen selber!«

Als der kleine Mann zu sich kam, brummte ihm der Kopf. Er lag zwar in seiner Streichholzschachtel. Aber die Lampe an der Decke kannte er nicht. Wo war er eigentlich?

Aus einem Radioapparat tönte Tanzmusik. Blauer Tabakrauch kräuselte sich in der Luft. Und plötzlich sagte eine mürrische Männerstimme: »Otto, sieh doch mal nach, ob der Zwerg endlich aufgewacht ist.« Weil sich nichts rührte, fuhr die Stimme ärgerlich fort: »Ist es dir lieber, wenn ich dir 'ne schriftliche Einladung schicke?«

»Du bist ein viel zu hastiger Typ«, antwortete eine andere Stimme gemütlich. »Das kann nicht gesund sein, Bernhard. Denk an dein Herz!« Doch dann wurde ein Stuhl gerückt. Es stand jemand schwerfällig auf und kam langsam näher. Wahrscheinlich war es der Mann, der Otto hieß.

Mäxchen schloss die Augen, atmete ruhig und spürte, wie sich jemand über ihn beugte. Otto schnaufte, und er roch wie ein Zigarrengeschäft, das sich neben einer Schnapsfabrik befindet. »Der Knirps schläft immer noch«, sagte Ottos Stimme. »Hoffentlich hast du ihm nicht zu viel Äther auf die Nase getupft, mein lieber Bernhard. Sonst lässt dir Señor Lopez von einem seiner Neger den Schädel maniküren!«

»Halte die Klappe!«, knurrte Bernhards Stimme. »Ich habe den Auftrag vorschriftsmäßig ...«

In diesem Moment brach im Radio die Tanzmusik ab, und eine dritte Stimme erklärte: »Achtung, Achtung! Wir wiederholen eine wichtige Durchsage!«

»Ich fresse einen Besen, wenn das nicht die Polizei...«, begann Otto.

»Ruhe!«, zischte Bernhard.

Mäxchen hielt die Luft an und spitzte die Ohren.

»Wie wir bereits gemeldet haben«, sagte die Rundfunkstimme, »wurde in den Vormittagsstunden der Ihnen allen bekannte kleine Mann aus seinem Hotelzimmer entführt. Der Täter hatte sich als Etagenkellner verkleidet. Die von ihm hierfür benützte weiße Jacke konnte sichergestellt werden. Die Kriminalpolizei bittet das Publikum um tatkräftige Unterstützung. Professor Jokus von Pokus hat die von ihm ausgesetzte Belohnung auf 50 000 Mark erhöht. Zweckdienliche Beobachtungen wollen Sie bitte an den Rundfunk oder direkt an Kriminalkommissar Steinbeiß weiterleiten. Der Zirkus Stilke lässt mitteilen, dass sämtliche Vorstellungen bis auf weiteres ausfallen. Ende der Durchsage!« Dann erklang wieder Musik.

Nach einer Weile ließ sich Ottos Stimme ehrfürchtig vernehmen. »Donnerwetter! Dieser Jokuspokus legt sich aber mächtig ins Zeug! 50 000? Das nenn ich leicht verdientes Geld! Du nicht auch, Bernhard? Wie wär's?«

»Du bist und bleibst ein ausgemachter Hornochse«, knurrte Bernhards Stimme. »50 000? Deswegen gibt man doch nicht eine Lebensstellung auf.«

»Schon gut«, murmelte Otto. »Es war nur so ein Einfall.«

»Du bist kein Mann für Einfälle«, antwortete Bernhard ungnä-

160

dig. »Überlass das mir, verstanden? So, und jetzt geh ich telefonieren.« Ein Stuhl wurde energisch zurückgeschoben. »Und pass inzwischen gut auf den Zwerg auf!«

Als die Zimmertür zugefallen war, wagte es Mäxchen, die Augen einen Spalt zu öffnen. An einem unordentlichen Tisch hockte ein großer glatzköpfiger Mensch und hielt eine leere Flasche gegen das Licht. Das war also Otto!

»Durst ist schlimmer als Heimweh«, sagte Otto zu sich selber und setzte die Flasche auf den Tisch zurück, dass es nur so klirrte.

›Jetzt oder nie!‹, dachte Mäxchen und spielte Erwachen. Er gab sich einen solchen Ruck, dass die Streichholzschachtel fast umgekippt wäre. Dazu schrie er: »Hilfe! Wo bin ich?« Dann blickte er verzweifelt um sich, wimmerte und presste beide Hände vor den Mund. Es war eine schauspielerische Glanzleistung.

Der völlig überraschte Otto war außerordentlich beeindruckt. Er sprang vom Stuhl hoch und zischte wütend: »Willst du gleich die Klappe halten, du kleines Mistvieh?«

Mäxchen brüllte: »Ich will wissen, wo ich bin! Wie reden Sie denn mit mir? Und wer sind Sie eigentlich? Hilfe! Jokus! Hilfeee!« Er schrie so laut, weil er dachte, irgendwer in der Nähe könne ihn hören. Aber es rührte sich nichts. Niemand hatte ihn gehört. Außer diesem versoffenen Glatzkopf namens Otto.

»Wenn du noch einmal schreist, kleb ich dir ’n Meter Leukoplast übers Maul«, sagte Otto grimmig.

»Dieser Ton gefällt mir nicht«, entgegnete Mäxchen. »Bestellen Sie mir bitte ein Taxi.«

Daraufhin bekam Otto einen Lachanfall. Es war, genauer, ein

161

Gemisch aus Lachen, Husten, Niesen und Asthma. Es stand zu befürchten, dass er explodieren würde. Aber er explodierte dann doch nicht. Als er sich endlich wieder beruhigt hatte, wischte er sich die Tränen aus den Augen und japste: »Ein Taxi? Wenn's weiter nichts ist, mein Herr! Bernhard erkundigt sich gerade nach 'nem Flugzeug!«

Das achtzehnte Kapitel

Wer hat die weiße Kellnerjacke gekauft? / Große Aufregung im ›Goldenen Schinken‹ / Ein Bericht im Abendblatt / Der kahle Otto brüllt / Das leere Haus / Bernhard ist der Gefährlichere / Mäxchen untersucht nachts das verteufelte Zimmer.

Die weiße Kellnerjacke war zwei Tage, bevor der kleine Mann entführt wurde, in der Innenstadt gekauft worden. In einem Fachgeschäft für Berufskleidung. Das hatte die Polizei schließlich festgestellt. Dort gab es Fleischerschürzen, Konditormützen, Ärztekittel, Häubchen für Krankenschwestern, Overalls für Kanalarbeiter, Taucherhelme, Ärmelschoner für Buchhalter, Knieschützer für Parkettleger und Pflasterer, kurz, es war ein großer und bunter Laden. Und die Verkäufer waren zu den Kriminalbeamten äußerst zuvorkommend gewesen. Aber wer die weiße Kellnerjacke gekauft und wie er ausgesehen hatte, das wusste niemand mehr.

Rosa Marzipan hatte den Jokus gezwungen, mit ihr in ein Restaurant zu gehen.

»Du musst endlich wieder etwas essen«, hatte sie erklärt. »Du kannst nicht immer im Hotelzimmer sitzen und die Wand anstarren. Das hilft uns auch nicht weiter. Und du selber wirst am Ende krank.«

Nun saßen sie also im ›Goldenen Schinken‹, so hieß das Lokal, und der Jokus starrte nicht an die Wand, sondern auf den Teller. Er brachte keinen Bissen hinunter und kein Wort heraus. So ging das nun schon anderthalb Tage, und das Marzipanfräulein machte sich ernste Sorgen. Eine Tasse Fleischbrühe hatte er getrunken. Das war alles.

Um ihn zu trösten, sagte sie: »Morgen, spätestens übermorgen, ist Mäxchen wieder da. Er ist viel zu schlau und zu flink, als dass er sich länger einsperren ließe. Keine zehn Pferde könnten ihn zurückhalten!«

»Es sind leider keine Pferde«, erwiderte der Jokus. »Es sind Verbrecher. Wer weiß, was sie dem kleinen Kerl angetan haben.« Er seufzte. Dann schüttelte er den Kopf. »Nicht einmal die hohe Belohnung scheint sie zu locken! Dabei hatte ich so gehofft, dass sie mich gerade deswegen anrufen würden.«

»Sie haben Angst vor der Polizei.«

»Ich hätte sie, Mäxchen zuliebe, nicht verraten«, murmelte der Jokus und starrte auf seinen Teller. Auch Rosa Marzipan hatte keinen Appetit. Aber sie ließ sich's nicht allzu sehr anmerken, sondern aß ein paar Happen, weil sie dachte, er werde, halb aus Versehen, mitessen. Es war vergebliche Liebesmühe.

Während sie mit der Gabel in ihrem Kalbsgulasch herumstocherte, sprang plötzlich an einem der anderen Tische ein Gast auf und gab dem Zeitungsverkäufer, der rundum das neueste Abendblatt anbot, eine saftige Ohrfeige. »Was fällt Ihnen ein?«, brüllte der Herr. »Legen Sie sofort meine Streichholzschachtel wieder hin!«

»Bravo!«, rief jemand am Nebentisch. »Von mir kriegt er auch gleich eine Backpfeife!«

»Bei mir hat er dasselbe versucht!«, schrie ein Dritter. »Herr Ober, holen Sie sofort den Geschäftsführer!«

Es war ein richtiger Aufruhr. Der Zeitungsverkäufer hielt sich die Backe. Die Gäste hielten den Zeitungsverkäufer. Der Oberkellner holte den Geschäftsführer. Der Geschäftsführer winkte einem Pikkolo. Der Pikkolo holte den Polizisten von der nächsten Straßenecke. Der Polizist holte sein Notizbuch aus der Tasche.

»Ich weiß überhaupt nicht, was Sie wollen«, schimpfte der Zeitungsverkäufer. »Dauernd heißt es im Rundfunk, die Bevölkerung soll wachsam sein, weil der kleine Mann gekidnappt wurde! Und wenn man dann wachsam ist und beispielsweise in fremde Streichholzschachteln guckt, ob der kleine Mann vielleicht drinsteckt, kriegt man Ohrfeigen. Das gefällt mir aber gar nicht, Herr Wachtmeister!«

Kaum hatten das die Gäste und der Polizist gehört, waren alle miteinander ein Herz und eine Seele. Jeder entschuldigte sich bei jedem. Und auch der Zeitungsmann ärgerte sich nicht länger. Er verkaufte im Handumdrehen sämtliche Abendblätter aus seiner Umhängetasche und ging befriedigt von dannen. Der Wachtmeister durfte, auf Geschäftskosten, am Ausschank ein Bier trinken.

Wo man auch hinschaute, überall wurde das Abendblatt studiert. Es war zwar neu, aber Neues über Mäxchen stand nicht darin. Trotzdem hatte der Gerichtsreporter einen kurzen Artikel über den ungeklärten Kriminalfall verfasst. Alle Gäste im ›Goldenen Schinken‹ lasen ihn, und ihr Essen wurde kalt. Auch Rosa Marzipan und der Jokus blickten, dicht aneinander gelehnt, in die Zeitung. Dort stand, auf der ersten Seite rechts oben:

Rätsel um den kleinen Mann

Wo ist er? Wo hat man ihn verborgen? In welcher Straße? In welchem Hause? In welchem Zimmer? Eine ganze Stadt hält den Atem an. Eine ganze Stadt ist ratlos. Kriminalkommissar Steinbeiß zuckt die Achseln. Er und seine Beamten sehen übernächtigt aus. Was haben sie bis jetzt entdeckt? Eine weiße Kellnerjacke in einem Mülleimer. Und das Geschäft, wo die weiße Jacke gekauft wurde.

Sonst? Nichts. Wie sah der Käufer aus? War es der ›falsche Kellner‹? Oder war es ein Komplice? Stieg der Verbrecher, der den kleinen Mann entführte, in ein Auto, das auf ihn wartete? Verlor er sich zu Fuß in der Menge?

Pausenlos prüft die Kriminalpolizei Hunderte von telefonischen und brieflichen Hinweisen aus den Kreisen der Bevölkerung. Die Arbeit ist ungeheuer. Das Ergebnis ist niederschmetternd. Das Resultat ist null. Trotzdem darf unsere Wachsamkeit nicht nachlassen.

Mögen auch tausend Fingerzeige in die Irre führen, so wäre die Mühe reichlich belohnt, wenn der tausendunderste Hinweis dazu verhülfe, den kleinen Mann, diesen Liebling der Bevölkerung, gesund an Leib und Leben in unsere Mitte zurückzubringen.

Ja, es war schlimm. Sehr schlimm. Niemand kannte die Straße, das Haus und das Zimmer, wo Mäxchen gefangen gehalten wurde. Und wie viele Straßen, Häuser und Zimmer gibt es in einer Großstadt mit mehr als einer Million Einwohnern!

Nicht einmal Mäxchen selber wusste, wo er war. Er kannte nur das Zimmer, wo Bernhard und der kahle versoffene Otto ihn bewachten. Und das war eines jener billig möblierten Zimmer, die einander so ähnlich sind wie Konfektionsanzüge. Doch auch wenn es ein Salon mit venezianischen Spiegeln und mit einem Selbstporträt von Goya an der Wand gewesen wäre, was hätte es dem kleinen Gefangenen genützt? Die Hausnummer und den Straßennamen hätte er dadurch auch nicht erfahren.

Etwas hatte er allerdings dem Jokus, dem Marzipanmädchen, der Polizei, dem Zirkus und der übrigen Welt voraus: Er wusste zuverlässig, dass er noch immer gesund und am Leben war! Das wusste die übrige Welt nicht. Und Mäxchen machte sich große Sorgen, dass sich der Jokus deshalb große Sorgen mache. Ja, es war schon schlimm. Sehr schlimm.

Die beiden Gauner passten auf wie die Heftelmacher. Meist zu zweit. Allein ließen sie ihn keine halbe Sekunde. Auch nachts nicht. Einer saß immer neben der Streichholzschachtel und bewachte ihn. Zum Essen verschwanden sie abwechselnd. Und sie aßen, um niemandem aufzufallen, jeden Tag in anderen Restaurants. Mäxchens kleine Mahlzeiten briet und kochte Otto auf einem Propangaskocher. Er tat es mehr schlecht als recht, obwohl er sich ziemlich viel Mühe gab. »Iss mal tüchtig«, sagte er immer. »Denn wenn du krank wirst oder abkratzt, lässt uns Lopez verkehrt aufhängen.«

»Wer ist denn eigentlich dieser Señor Lopez?«, fragte Mäxchen.

»Das geht dich einen feuchten Dreck an!«, antwortete Otto gereizt und funkelte böse mit seinen rot geränderten Schlitzaugen.

Mäxchen lächelte und schwieg. Dann sagte er plötzlich: »Mach bitte das Fenster auf. Ich brauche frische Luft.«

Otto stand ächzend auf, öffnete das Fenster und setzte sich wieder. Nach einer Weile tat Mäxchen, als ob ihn fröre. »Mich friert. Mach bitte das Fenster zu!«

Otto stand ächzend auf, schloss das Fenster und setzte sich wieder. Fünf Minuten später fragte Mäxchen: »Ist noch etwas von dem Ananastörtchen übrig?«

Otto stand ächzend auf, blickte in den Schrank, setzte sich wieder und knurrte: »Nein, du hast es aufgefressen.«

»Geh doch bitte in die Konditorei und hole mir ein neues!«

»Nein!«, brüllte Otto, dass die Wände zitterten. »Nein, du kleine Kanaille!« Dann besann er sich, dass er für Mäxchens Wohlbefinden verantwortlich war, gab sich einen Ruck und erklärte so sanft, wie er konnte: »Ich hole dir eines, wenn Bernhard vom Mittagessen zurück ist.«

»Besten Dank im Voraus«, sagte Mäxchen freundlich und wartete gespannt, dass irgendetwas geschähe. Dass jemand an die Wohnungstür klopfe oder dass es klingle und dass jemand aus dem Hause sich wütend erkundige, warum mittags so abscheulich gebrüllt werde. Denn nur deswegen schikanierte er ja den kahlen Otto bis zum Weißglühen! Der Kerl sollte ja brüllen! Wie am Spieße!

›Merkwürdig‹, dachte der kleine Mann. ›Zu zwei Zimmern gehört schließlich ein ganzes Haus ... Und in einem Haus wohnen schließlich Leute ... Aber es klopft keiner, und es klingelt niemand ... Wo bin ich bloß?‹ Er ließ sich's nicht anmerken, wie ihm zumute war. Aber insgeheim hatte er schreckliche Angst. Könnt ihr das verstehen? Er benahm sich frech wie Oskar. Und dabei zitterte er wie Sülze.

Am meisten fürchtete er sich vor Bernhard, weil der niemals brüllte. Die Stimme klang so kalt, als komme sie geradenwegs aus dem Eisschrank. Wenn er sprach, fror man. Und Mäxchen hütete sich, ihn zu schikanieren. Zum Glück war Bernhard häufig außer Haus. Wenn er zurückkehrte, fragte Otto jedes Mal: »Was Neues?«, und Bernhard erwiderte meistens nur: »Nein.« Oder: »Wenn's was Neues gibt, werde ich dir's schon erzählen.« Oder: »Halte die Klappe!« Oder: »Los! Geh essen! Hau ab!«

Ein einziges Mal platzte Otto, Bernhard gegenüber, der Kragen. Er brüllte: »Ich hab es satt, in dieser Bruchbude zu hocken und bei einem Zwerg das Kindermädchen zu spielen! Wann fliegen wir endlich?«

Bernhard musterte den andern wie einen alten, angeketteten Hofhund. Dann sagte er: »Wir sollen warten, bis die Polente weniger scharf kontrolliert. Das kann noch ein paar Tage dauern.«

»So ein Scheibenkleister!«, schimpfte Otto. »Wenn es nach mir ginge, säßen wir längst nicht mehr hier.«

Bernhard nickte. »Stimmt! Wenn es nach dir ginge, säßen wir längst im Zuchthaus.«

Otto süffelte sein Schnapsglas leer, stand ächzend auf und schob brummend zum Essen ab. Nun ließ sich Bernhard in dem leer gewordenen Sessel nieder und las gelangweilt Zeitung.

Nach einer Weile fragte Mäxchen und machte dazu ein unschuldiges Gesicht wie ein Gänseblümchen: »Wo soll denn unsere Reise hingehen?«

»Ich bin manchmal schwerhörig«, antwortete Bernhard, ohne die Zeitung sinken zu lassen.

»Wenn's weiter nichts ist«, meinte der Junge. »Ich kann auch lauter!« Und schon schrie er gellend: »Wo soll denn unsere Reise hingehen?«

Da legte Bernhard die Zeitung langsam aus der Hand. »Jetzt habe ich dich verstanden«, sagte er leise. Er war grün vor Wut. »Aber gib dir keine Mühe, du halber Zwerg. Hier hört dich keiner.« Er griff wieder nach der Zeitung. »Trotzdem rate ich dir, dich anständig aufzuführen. Denn ich habe den Auftrag, dich lebendig abzuliefern. Lebendig und so gesund wie möglich. Dafür kriege ich sehr viel Geld. Folglich liegt mir daran, dass du nicht krank wirst oder unter meinen Absatz gerätst. Verstehst du mich?«

»Ziemlich gut«, sagte Mäxchen und gab sich Mühe, nicht mit den Zähnen zu klappern.

»Wenn du mir allerdings Scherereien machst, pfeife ich auf das Geld. Es sind schon größere Zwerge als du ganz plötzlich gestorben.«

Mäxchen bekam eine Gänsehaut.

»Drum sei ein braves Kind«, fuhr Bernhard fort, »und denke an deine kostbare Gesundheit.« Dann schlug er die Zeitung von neuem auf und las die Sportnachrichten.

Mäxchens Sorgen und Ängste wurden größer und größer. Die Polizei und der Jokus fanden ihn nicht. Die hohe Belohnung führte zu nichts. Und er selber wusste auch nicht weiter.

Natürlich hatte er nachts, während der kahle Otto auf der Couch lag und schlief, das Zimmer untersucht. Er war, an der Tischdecke herunter und an der Gardine hoch, aufs Fenster geklettert.

Was hatte er gesehen? Auf der anderen Straßenseite eine Reihe Häuser. In der Ferne einen Kirchturm. Und das Fenster war verriegelt.

Er war auf dem Fußboden herumgekrochen und hatte die Wände und vor allem die Türleisten gründlich untersucht. Aber nirgends war auch nur die kleinste Ritze, durch die er sich hätte hindurchzwängen können. Und was wäre denn gewesen, wenn er schließlich im Korridor gestanden hätte? Dort gab es wieder Türen! Die Wohnungstür. Die Haustür. Mindestens diese zwei.

Doch über Ritzen nachzudenken, die es nicht gab, war ja sowieso unnütz. Er saß in dem verteufelten Zimmer fest wie ein Nagel in der Wand. Und die Zeit verging und war nicht zu bremsen. Bald würden die beiden Halunken, von denen er nur die Vornamen kannte, in irgendeinem Flugzeug sitzen. Mit einer unscheinbaren Streichholzschachtel in Bernhards Jacketttasche.

Und in der Streichholzschachtel wären keine Streichhölzer. Stattdessen läge, für viele Stunden hübsch chloroformiert, ein gewisses Mäxchen Pichelsteiner in der Schachtel, der berühmte kleine Mann, von dem die Welt nie wieder etwas hören und sehen würde. Die Welt nicht und, was tausendmal schlimmer war, auch nicht der berühmte Zauberkünstler und Zirkusprofessor Jokus von Pokus.

Mäxchen biss die Zähne zusammen. ›Ich darf nicht schlappmachen‹, dachte er. ›Ich muss aus diesem Zimmer fort. So schnell wie möglich. Es geht nicht? Mir fällt nichts ein? Ich bin dafür zu dumm? Das wäre ja gelacht!‹

Das neunzehnte Kapitel

Ausführlicher Bericht über Señor Lopez / Die Burg in Südamerika /
Bilder von Remscheid und Inkasso / Flugkarten für Freitag / Ma-
genkrämpfe, nicht ganz echt / Der kahle Otto rennt in die Apotheke /
Mäxchen sitzt auf einem Gartentor.

Der Mittwoch wurde ein ereignisreicher Tag. Otto hatte schon
morgens einen respektablen Schwips und erzählte, aus freien
Stücken, allerlei über den geheimnisvollen Señor Lopez. Später
kam Bernhard aus der Stadt zurück, zeigte Otto die Flugkarten
für Freitag, die er besorgt hatte, ging aber bald wieder fort, weil er
hungrig war. »Ich werde im ›Krummen Würfel‹ essen«, sagte er,
»und in einer Stunde löse ich dich ab.«

»Ist gut«, meinte Otto. »Wenn sie Eisbein mit Sauerkraut haben, sollen sie mir zwei Portionen aufheben. Das wird genügen.
Ich habe heute keinen rechten Appetit.«

Als Bernhard gegangen war, bekam Mäxchen plötzlich grässliche Magenkrämpfe und wimmerte und jammerte, dass sich Otto

die Ohren zuhielt. Aber ich glaube, es ist gescheiter, wenn ich zunächst ausführlicher berichte, was der kahle Otto ein paar Stunden früher über den geheimnisvollen Señor Lopez erzählt hatte.

Also, Otto war schon zum Frühstück betrunken gewesen. Voll wie eine Strandhaubitze. Vielleicht hatte er die Kaffeekanne mit der Schnapsflasche verwechselt gehabt. Oder er hatte versehentlich mit Himbeergeist gegurgelt. Jedenfalls begann er ungefragt:

»Dieser Lopez, das ist ein toller Hecht. Señor heißt Herr. Ein toller Herr, dieser Hecht. Reicher als die Bank von England. An jedem Finger zwei bis drei Ringe. Einen so 'n Ring, und ich kauf die Schweiz! Aber was mach ich mit der Schweiz? Na ja, wie dem auch wolle: Lopez gehört mindestens das vierte Drittel von ganz Südamerika! Kupfer und Zinn und Kaffeebohnen und Silberminen und Hazi... Hazi... Haziendas mit lauter Ochsen, von der Weide bis zum Cornedbeef, marsch, marsch, rin in die Konservenbüchsen! Hat 'ne Art Burg drüben. Zwischen Santiago und Valparaiso. Mit eignem Flugplatz und hundert Scharfschützen, die 'ner Stubenfliege die Zigarre glatt aus der Hand schießen.«

Das war zu viel für Mäxchen. Er kicherte.

»Lass das!«, sagte Otto. »Der Lopez, der ist nicht komisch. Das scheint nur so. Wenn irgendwo 'n Gemälde geklaut wird, das wenigstens 'ne Million kostet, hängt's 'ne Woche später in seiner unterirdischen Galerie. Ob das nun 'n echter Adolf Dürer oder 'n Remscheid oder so 'n moderner Maler ist wie der berühmte Inkasso...«

»Picasso«, korrigierte Mäxchen. »Und Rembrandt und Albrecht Dürer.«

»Ist doch ganz Wurscht«, meinte Otto und kippte den nächsten Schnaps hinter die Binde. »Hauptsache, dass die Bilder in dem Lopez seinem Keller hängen. Es weiß bloß niemand. Nicht mal die Interpol. Und sogar wenn die's wüsste, könnte sie nischt machen. Die Scharfschützen ließen sie gar nicht erst in die Festung rein.«

»Wer ist denn die Interpol?«, fragte Mäxchen.

»'ne Abkürzung und hei... hei... heißt Internationale Polizei. Den Bernhard und mich hätte sie beinahe mal geschnappt! Als wir die Zigeunerin geklaut hatten und mit ihr auf'm Flugplatz von Lissabon in dem Lopez sein Privatflugzeug reinwollten! Ging aber noch mal gut. Na, jetzt is sie schon zwei Jahre drüben in seiner Burg und muss ihm täglich die Karten legen. Ob er an der Börse Aktien kaufen soll oder im Moment nich. Oder ob er was mit der Leber hat, weil er leider säuft und viel zu viel verträgt. Oder ob eins seiner Rennpferde gewinnen wird ...«

»Und was ist das nun mit mir?«, fragte Mäxchen gespannt. »Warum wollte er, dass ihr mich raubt und hinüberbringt?«

Otto schenkte sein Glas voll. Die Flasche war fast leer. Er spülte sich den Mund mit Schnaps, hustete, schnaufte und sagte: »Der Mann langweilt sich, und deshalb sammelt er eben. Bilder und Leute. Als wären's Briefmarken. Kann gar nich genug kosten. Hat 'n ganzes Ballett rauben lassen. Lauter hübsche Käfer. Die müssen ihm jeden Abend was vortanzen. Denkst du, Lopez lässt die wieder frei? Keine Bohne. Nich mal als Großmütter. Geht nich. Die würden ihn auf der Stelle verpfeifen. Hab ich Recht oder stimmt's? Und 'nen berühmten Professor hält er auch gefangen. Weil der weiß, ob 'n teures Bild echt oder falsch ist.«

175

»Und wenn ihn der Professor nun anschwindelt?«

»Einmal hat er's versucht.« Otto grinste. »Das ist ihm gesundheitlich nich gut bekommen. Für Faxen hat der Lopez kein' Sinn.«

»Und was will er denn von mir?«, fragte Mäxchen mit zittriger Stimme.

»Keine Ahnung. Haben will er dich, also kriegt er dich, Punktum! Vielleicht weil du 'ne Rarität bist. So wie 'n Kalb mit zwei bis drei Köppen.«

Mäxchen starrte Ottos abstehende Ohren an. ›Wie ein Gesicht mit Henkeln‹, dachte er. Und dann dachte er vor allem: ›Ich muss hier fort! Es wird höchste Zeit!‹

Dass dann Bernhard aufkreuzte, hab ich auch schon erwähnt. »Am Freitag fliegen wir«, sagte er und zeigte die Flugkarten. Er blieb nicht lange, weil er im ›Krummen Würfel‹ zu Mittag essen und Otto in einer Stunde ablösen wollte, obwohl der Glatzkopf keinen rechten Appetit hatte. Zwei Portionen Eisbein mit Sauerkraut, hatte er gemeint, würden heute genügen.

›In einer Stunde kommt Bernhard wieder‹, dachte Mäxchen. ›Da heißt es handeln. Die Flugkarten hat er schon. Jetzt oder nie.‹ Deshalb bekam der kleine Mann plötzlich grässliche Magenkrämpfe und wimmerte und jammerte, dass Otto sich die Henkel, nein, die Ohren zuhielt.

Wenn ihr es dem betrunkenen Otto nicht weitersagt, verrate ich euch ein Geheimnis. Hört auch bestimmt niemand zu? Nein? Also, ganz im Vertrauen: Mäxchen hatte in Wirklichkeit gar keine Magenkrämpfe! Er hatte auch keine Herzkrämpfe und

keine Wadenkrämpfe und keine Schreikrämpfe und keine Schreibkrämpfe. Ihm tat überhaupt nichts weh: Er tat nur so, als ob es täte. Es gehörte zu seinem Plan.

»Auauau!«, stöhnte er. »Ohohoh!«, jaulte er. »Huhuhu!«, heulte er und krümmte sich in seiner Streichholzschachtel wie ein Wurm. »Einen Arzt!«, schrie er. »Sofort! Auauau! Schnell, schnell!«

»Wo soll ich denn 'nen Doktor hernehmen?«, fragte Otto nervös.

»Holen!«, brüllte der Junge. »Einen holen! Sofort!«

»Du bist wohl total übergeschnappt?«, rief Otto. »Die ganze Stadt sucht dich, und da soll ich 'nen Doktor ins Haus schleppen, damit er uns verhaften lässt?«

»Auauau!«, jammerte Mäxchen und warf sich hin und her. »Hilfe, ich sterbe!«

»Untersteh dich!«, schrie Otto. »Das fehlte gerade noch! Mach uns keine Scherereien! Hier wird nicht gestorben! Der Lopez lässt uns den Kragen umdrehen, wenn wir ohne dich ankommen!« Der Glatzkopf schwitzte Blut und Wasser. »Wo tut's dir denn weh?«

Mäxchen hielt sich den Bauch. »Hier!«, wimmerte er. »Ohohoh! Es sind, aua, Krämpfe! Hab ich manchmal, huhuhu! Schnell den Arzt! Oder ooooh, wenigstens Baldriantropfen!«

Er heulte wie acht Hyänen bei Nacht.

»Baldriantropfen?«, ächzte Otto und wischte sich mit dem Taschentuch übers Gesicht. »Wo soll ich denn Baldriantropfen hernehmen?«

»Apotheke!«, brüllte Mäxchen. »Rasch, rasch! Auauau!«

»Ich kann doch jetzt nich aus'm Zimmer!«, schrie Otto. »Trink 'n Schnaps! Is auch Medizin!« Er hob die Flasche hoch. Sie war leer. »Verflucht noch eins!«

»Apotheke!«, stöhnte Mäxchen. »Sonst...« Er sank jammernd in sich zusammen, japste nach Luft und lag still wie ein Bauklötzchen.

Otto stierte erschrocken in die Streichholzschachtel. Er war völlig von den Socken. »Bist du ohnmächtig?«

»Noch nicht ganz«, flüsterte Mäxchen. Er klapperte mit den Augendeckeln und auch ein bisschen mit den Zähnen.

»Ich schließ die Zimmertür zu, renn in 'ne Apotheke und bin gleich wieder da! Kapiert?«

»Ja.«

Otto setzte den Hut auf, rannte aus dem Zimmer, drehte den Schlüssel zweimal im Schloss um, steckte den Schlüssel in die Hosentasche, stolperte durch den Korridor, riss die Wohnungstür auf, schlug sie hinter sich zu, schloss sie ab, steckte auch diesen zweiten Schlüssel in die Hosentasche und polterte treppab.

Aus dem Haus. Durch den Vorgarten und durchs eiserne Gartentor. Er suchte eine Apotheke. Oder wenigstens eine Drogerie.

»Baldriantropfen für den Zwerg«, ächzte er. »Und 'ne Pulle Schnaps für den armen Otto.«

Das Zimmer war abgeschlossen. Bis Otto wiederkäme, konnte keiner herein, und niemand konnte hinaus. Auch Mäxchen nicht. Doch das war ja auch nicht mehr nötig.

Nanu! Warum war das denn nicht mehr nötig? Wisst ihr, warum? Sicher habt ihr es schon erraten. Nein? Na hört mal! Es war ganz einfach deshalb nicht mehr nötig, weil Mäxchen gar nicht mehr im Zimmer war. Er hatte es mit Otto gemeinsam verlassen! Aber wie? Natürlich auf Ottos Rücken! Das war ja der Plan gewesen, den er sich zurechtgelegt hatte!

Dass Otto einen Arzt holen werde, hatte der kleine Mann niemals geglaubt. Keine Sekunde lang. Doch es gehörte zum Plan. Der Kahlkopf würde tausendmal lieber in eine Apotheke rennen, hatte Mäxchen vermutet. Und genau so war es gekommen.

Otto hatte, als er den Hut vom Haken nahm, der Streichholzschachtel den Rücken gedreht – und schon war Mäxchen, mit einem lautlosen Hechtsprung, auf Ottos Jackett gelandet und daran hochgeklettert. Für einen berühmten Artisten war das ein Kinderspiel. Und während Otto die Zimmertür und die Wohnungstür abgeschlossen hatte und die Treppe hinunter und aus dem Haus und durch den Vorgarten gelaufen war, immer hatte Mäxchen auf Ottos Schulter gehockt.

Am Gartentor war er dann zu einem der eisernen Gitterstäbe hinübergesprungen. Und auch das hatte geklappt. Gelernt ist gelernt.

Die Stirn tat ein bisschen weh. Gusseisen ist nicht aus Gummi. Wahrscheinlich würde es eine Schramme oder eine Beule geben oder auch beides. Und wenn schon!

Mäxchen saß jetzt auf einem der zwei hohen Steinsockel, die das Gartentor einrahmten und von je einer Kugel aus Sandstein gekrönt wurden. Er saß dort oben und atmete tief. Es duftete nach Jasmin. Und es roch nach Freiheit!

Mäxchen war selig. Aber für Jasmin und Seligkeit war jetzt nicht die rechte Zeit. Er musste hier fort. Er musste weiter. Otto würde nicht lange fortbleiben! In weniger als einer Stunde kam Bernhard aus dem ›Krummen Würfel‹ zurück! Jede Minute war kostbarer als in ruhigeren Zeiten ein ganzes Jahr.

Die Straße war leer, als gäbe es keine Menschen auf der Welt. Die Häuser auf der anderen Seite lagen still und wie ausgestorben. Mäxchen drehte sich um und blickte auf die Haustür, durch die, kurz zuvor, Otto mit ihm herausgestolpert war. Neben der Tür hing ein blaues Schild mit einer weißen Hausnummer. Und unter der Nummer stand, klein und weiß, der Name der Straße.

»Kickelhahnstraße 12«, murmelte Mäxchen. »Kickelhahnstraße 12.« Als er es zum dritten Mal vor sich hinsagte, öffnete sich im Hause gegenüber, im Erdgeschoss, ein Fenster. Dann lümmelte sich ein Junge aufs Fensterbrett, holte aus einer braunen Tüte Kirschen heraus, steckte eine Kirsche nach der anderen in den Mund und spuckte die Kirschkerne auf die Straße. Er zielte nach einem kleinen grünen Kinderball, der dort herumlag, und machte seine Sache gar nicht schlecht.

DAS ZWANZIGSTE KAPITEL

Der Kirschenspucker ärgert sich und heißt Jakob / Mäxchen telefo-
niert und wartet auf die Zukunft / Die Wagen 1 und 2 und 3 / Der
kahle Otto fährt im Auto / Mäxchen fährt im Auto / Jakob fährt im
Auto / Die stille Straße liegt wieder still.

»Hallo!«, rief Mäxchen.

Aber der Junge am Fenster ließ sich nicht stören, sondern fuhr in seinen Zielübungen fort. Es war gar nicht so einfach, den grünen Ball mit einem Kirschkern zu treffen. Matrosen hätten es vielleicht geschafft. (Die Kerle sollen ja, wie jedes Kind weiß, wahre Meisterspucker sein. Als Steuermann und Kapitän lassen sie etwas nach. Wahrscheinlich ist es eine Altersfrage.)

»Hallo!«, rief Mäxchen noch lauter.

Der Junge blickte über die Straße, spuckte dann aber, weil er niemanden sah, sorgfältig weiter.

Mäxchen wurde unruhig. Die Zeit verging. Was konnte er tun? Wie konnte er den Jungen in Trab bringen? Glücklicherweise hatte er einen Erfolg versprechenden Einfall. ›Ich werde ihn so lange beschimpfen‹, dachte er, ›bis ihn die kalte Wut packt.‹

Er rief also wieder »Halloooh!«, und dann, weil der Junge nicht reagierte, sondern die nächste Kirsche in den Mund steckte: »Bist du denn taub, du alter Hornochse?«

Der Junge zuckte zusammen, verschluckte hierbei den Kirschkern und starrte grimmig in Mäxchens Richtung. Welcher Elende gehörte zu dieser unverschämten Stimme?

»Mach kein so dämliches Gesicht!«, brüllte Mäxchen. »Sonst tauschen dich deine Eltern beim nächsten Ausverkauf um!«

Da schwang der Junge drüben die Beine übers Fensterbrett. »Nun wird mir's zu bunt!«, stieß er hervor. »Was zu viel ist, ist zu viel!« Er sprang aufs Pflaster, kam über die Straße gesaust, blieb vor dem Gartentor stehen, ballte empört die Fäuste und sah weit und breit keine Menschenseele. »Zeig dich, du Feigling!«, rief er außer sich. »Tritt aus dem Gebüsch, du Abschaum! Ich werde dich zwischen meinen Handflächen zerreiben!«

Darüber musste Mäxchen laut lachen.

Der Junge hob den Kopf, entdeckte Mäxchen, der, oben auf dem Sockel, an der Sandsteinkugel lehnte, und sperrte entgeistert den Mund auf. Er wollte etwas sagen, aber es hatte ihm die Sprache verschlagen. Keinen Ton brachte er heraus.

»Weißt du, wer ich bin?«, fragte Mäxchen.

Der Junge nickte eifrig.

»Willst du mir helfen?«

Der Junge nickte noch viel eifriger. Seine Augen leuchteten.

»Ich musste dich so ärgern«, erklärte Mäxchen, »sonst wärst du nicht herübergekommen. 'tschuldigung.«

Der Junge nickte schon wieder. Oder noch immer. Dann brachte er endlich den ersten Ton heraus. »Nicht der Rede wert, kleiner Mann«, sagte er. »Ist schon vergessen. Ich heiße Jakob.«

»Ich heiße Mäxchen. Habt ihr Telefon?«

Jakob nickte.

»Halte deine Hand auf!«, sagte Mäxchen. »Aber zerreibe mich nicht zwischen den Handflächen!«

Jakob wurde puterrot und hielt die Hand so hoch, wie er konnte. Mäxchen sprang vom Sockel herunter. Mitten in die geöffnete Hand.

Jakob rannte über die Straße, setzte den kleinen Mann aufs Fensterbrett, kletterte an der Mauer hoch und schwang sich ins Zimmer. Dann ergriff er Mäxchen wieder und lief zum Schreibtisch. Dort stand das Telefon.

»Wen willst du anrufen?«, fragte Jakob.

»Die Kriminalpolizei«, sagte Mäxchen. »Denn wenn ich den Jokus im Hotel anrufe – aber den Jokus kennst du nicht.«

»Erlaube mal!«, meinte Jakob. »Natürlich kenne ich den Professor Jokus von Pokus! Ich kenn euch alle beide. Aus dem Zirkus und vom Fernsehen und aus der Zeitung und überhaupt!«

»Denn wenn ich den Jokus anrufe, kommt er sofort und dreht dem kahlen Otto den Hals um. Und anschließend erst recht dem Bernhard. Das würde nur stören.«

»Schon kapiert«, sagte Jakob. »Otto und Bernhard, die Kidnapper.« Er blickte auf einen Zeitungsausschnitt, der in der Schreibunterlage steckte. »Das ist der Aufruf von der Polizei. Mit der Telefonnummer und so weiter.«

»Tüchtig, tüchtig, Freund Jakob«, meinte Mäxchen und rieb

184

sich, endlich wieder einmal, vor Wonne die Hände. »Wenn du
wen an der Strippe hast, legst du den Hörer auf den Schreibtisch,
ja? Dann red ich selber.«

Jakob wählte die Telefonnummer und sagte nach einer Weile:
»Verbinden Sie mich bitte mit Herrn Kriminalkommissar Steinbeiß! Der hat keine Zeit? Das ist aber schade. Na, dann richten
Sie ihm einen schönen Gruß vom kleinen Mann aus!« Jakob grinste Mäxchen an und murmelte: »Das saß! Den Wachtmeister hat
fast der Schlag getroffen!«

Drei Sekunden später dröhnte aus dem Telefon eine Stimme,
als ob der Kommissar mitten im Zimmer stünde: »Hier Steinbeiß!
Waaas ist los?«

Mäxchen kniete sich vor die Sprechmuschel und rief: »Hier

spricht der kleine Mann! Mäxchen Pichelsteiner! Ich bin entwischt! Aus dem Hause Kickelhahnstraße 12! Otto wird gleich wiederkommen! Jetzt bin ich im Hause gegenüber ...«

»Hausnummer 17«, flüsterte Jakob hastig. »Bei Hurtig. Erdgeschoss links.«

»Hausnummer 17, bei Hurtig. Erdgeschoss links! Haben Sie mich verstanden? Moment, ich muss erst zur Hörmuschel sausen!«

Mäxchen rannte also zur Hörmuschel.

»Wir sind sofort bei dir!«, rief der Kriminalkommissar. »Sei inzwischen vorsichtig! Sonst noch was?«

Mäxchen sprang an die Sprechmuschel zurück und steckte vor lauter Aufregung beinahe den Kopf hinein. »Kommen Sie bitte nicht mit Sirene und Blaulicht. Otto ist noch in der Apotheke und riecht sonst Lunte! Und die hauptsächlichste Hauptsache, Herr Krimissar, nein, Herr Missionar, oje, bin ich durchgedreht. Sagen Sie dem Jokus nichts! Noch nichts, noch nicht! Bitte bitte und dreimal bitte! Er regt sich so leicht auf! Geht's ihm denn gut? Und der Rosa Marzipan auch? Und ...«

Jakob hielt das Ohr fest an die Hörmuschel gepresst und winkte ab. »Schweigen im Walde. Wahrscheinlich springt der wackre Beamte soeben aus dem dritten Stock direkt ins Auto. Mit zwanzig Pistolen im Halfter.«

»Eilig währt am längsten«, meinte Mäxchen. »Trag mich bitte ans Fenster!«

Jakob legte den Telefonhörer auf die Gabel. »Es wird mir eine besondere Ehre sein, Herr von Pichelsteiner.«

Sie saßen am offnen Fenster und warteten ungeduldig auf die Zukunft. Wer würde zuerst durchs Ziel gehen? Kriminalkommissar Steinbeiß mit seinen Leuten? Oder der kahle Otto mit den Baldriantropfen? Jakob spuckte wieder Kirschkerne nach dem grünen Ball und traf noch immer nicht. »Zielspucken ist schwer«, stellte er fest. »Fast so schwer wie das Leben.«

»Wieso ist das Leben noch schwerer?«, fragte Mäxchen.

»Mein lieber Mann!«, seufzte der andre Junge. »Es sieht trübe aus. Vater fort. Mutter fort. Sohn nährt sich von Obst. Ist das etwa nichts?«

»Wann haben sie dich denn verlassen?«, fragte Mäxchen erschrocken.

»Heute früh.«

»Für immer?«

»Nicht ganz. Morgen Abend kommen sie zurück.«

Da mussten beide lachen.

»Tante Anna«, berichtete Jakob, »ist vom Storch ins Bein gebissen worden. Ich konnte das meinen Eltern nicht ausreden. Sie wollten sich unbedingt den Storch ansehen oder den Biss ins Bein oder das Baby.«

»Und sie haben dir nur eine Tüte Kirschen hier gelassen?«

»Bewahre!«, sagte Jakob gekränkt. »Ich war reich wie drei Sparbüchsen. Sollte im ›Spaten‹ essen. Heute Mittag und heute Abend und morgen Mittag. Aber ...«

»Aber was?«

»Wie ich in die Schule will, steht Fritz Griebitz davor und weint. Und hält seinen kleinen Dackel im Arm, der ihn immer hinbringt und abholt. Ein Auto hatte ihn totgefahren. Puffi hieß er.«

187

»Oh«, murmelte Mäxchen.

»Da haben wir Geld gesammelt. Fürs Begräbnis und den nächsten Puffi. Und wie wir ins Klassenzimmer kommen, guckt der Lehrer auf die Uhr. Mann, war der sauer! Und der verheulte Fritz … Und der tote Dackel beim Pförtner … Und nur noch achtzig Pfennige bis morgen Abend … Und dauernd Kirschen … Ist nun das Leben schwer oder nicht?«

Mäxchen nickte verständnisvoll. Er knabberte und nagte an einer Kirsche, die er mit beiden Händen festhielt. Es sah aus, als wolle er einen Riesenkürbis stemmen, der auf der Weltausstellung die Goldene Medaille erhalten hat. Dabei sagte er: »Noch ein Weilchen, Jakob, und wir essen miteinander Ananastörtchen.«

»Schon wieder Obst!«, meinte Jakob niedergeschlagen.

Kriminalkommissar Steinbeiß und Inspektor Müller Zwo kamen zu Fuß schnell die Kickelhahnstraße entlang. Drei Autos mit den übrigen Beamten warteten, gleich um die Ecke, in der Dreisterngasse.

»Drüben ist die Hausnummer 12«, murmelte der Inspektor. »Dort war er eingesperrt.«

»Sehr stille Straße«, sagte der Kommissar. Dann griff er sich an seine Backe. »Wer schießt denn hier mit Kirschkernen?«

»Entschuldigen Sie«, rief ein Junge, »ich wollte den grünen Ball treffen!«

»Seit wann seh ich wie ein grüner Ball aus?«, schimpfte der Kommissar.

»Nummer 17, Erdgeschoss links«, murmelte Inspektor Müller Zwo. »Wir sind am Ziel.«

Der Kommissar trat zu dem offenen Fenster. »Heißt du zufällig Hurtig?«

»Hurtig heiße ich schon«, gab Jakob zur Antwort. »Aber von Zufall kann gar keine Rede sein.«

Inspektor Müller Zwo grinste.

»Kriminalpolizei!«, knurrte der Kommissar. »Wir wollen den kleinen Mann abholen.«

Jakob meinte: »Das wollen manche. Darf ich mal Ihren Ausweis besichtigen?«

Zunächst juckte es Herrn Steinbeiß gewaltig in den Fingern. Doch dann rückte er mit seinem Ausweis heraus und zeigte ihn dem vorlauten Bengel.

Jakob studierte das Papier gründlich. »Es sind die Richtigen, Mäxchen«, sagte er.

Jetzt erst steckte Mäxchen den Kopf über die Brüstung. »Willkommen, meine Herren! Wie geht's ihm?«

»Wem?«

»Dem Jokus!«

»Er bildet sich zum Hungerkünstler aus«, sagte der Kommissar trocken.

Mäxchens Gesicht verdunkelte sich. Aber nur eine Sekunde lang. Dann strahlte er wieder und rieb sich die Hände. »Heute Abend isst er mindestens vier Schnitzel! Ich freue mich schon aufs Zusehen!«

Plötzlich hörten sie eilige und tapsige Schritte!

Mäxchen stieg auf die Fensterleiste. »Das ist der kahle Otto«, flüsterte er.

Otto kam drüben, ein bisschen im Zickzackschwips, die Straße entlang und hielt eine große, dicke Flasche umklammert.

»Sind das lauter Baldriantropfen?«, fragte Jakob verblüfft.

Mäxchen kicherte. »Das ist Schnaps. Seine Flasche war leer. Deshalb lief er ja so schnell zur Apotheke.«

»Na, da wollen wir mal«, sagte Herr Steinbeiß zu Herrn Müller Zwo.

»Moment!«, flüsterte Mäxchen. Dann sprang er auf den Ärmel

des Kriminalkommissars und hockte, ehe man bis drei zählen konnte, in dessen Brusttasche.

Otto wollte, als sie ihm den Weg verstellten, eben ins Gartentor von Nummer 12 einbiegen. »Was is'n los?«, fragte er giftig und blickte die beiden Männer schief an.

»Kriminalpolizei«, sagte der Kommissar. »Sie sind verhaftet.«

»Ach nee, was Sie nich sagen!«, spöttelte Otto, machte kehrt und wollte auf und davon.

Doch Herr Müller Zwo war fixer. Er packte kräftig zu. »Aua!«, erklärte Otto und ließ die große Flasche fallen. Sie zerbrach. Herr Steinbeiß pfiff auf einer Trillerpfeife. Drei Autos kamen aus der Dreisterngasse und bremsten. Sechs Beamte in Zivil sprangen aufs Pflaster.

»Streifenwagen 1 bringt den Verhafteten sofort ins Präsidium«, befahl der Kriminalkommissar. »Der Inspektor durchsucht mit der Mannschaft von Wagen 2 das Haus und die Wohnung.«

»Erster Stock links«, sagte Mäxchen. »Otto hat die Schlüssel in der rechten Hosentasche.« Und schon holte ein Beamter die Schlüssel ans Licht.

Der kahle Otto blickte, wie vom Donner gerührt, auf die Brusttasche des Kommissars. Dann brüllte er: »Du kleiner Mistfliegenpilz! Wie kommst denn du ...« Doch ehe er den Satz zu Ende brüllen konnte, saß er schon, gut bewacht, im Wagen 1, und fort ging's!

Ein Beamter vom Wagen 2 meldete: »Herr Kommissar! Der Polizeifunk hat uns vor zwei Minuten durchgegeben, dass das Haus Kickelhahnstraße 12 einer südamerikanischen Handelsfirma gehört.«

»Das wundert mich gar nicht«, bemerkte Mäxchen. »Es hängt eben alles mit dem Señor Lopez zusammen.«

Inspektor Müller Zwo fragte verblüfft: »Was weißt denn du von Lopez?«

»Viel nicht«, sagte der Kleine, »aber für jetzt wär's zu viel.«

Herr Steinbeiß nickte energisch. »Recht hat er. Wir haben's eilig. Wagen 2 übernimmt das Haus. Wagen 3 fährt mit mir und Mäxchen zum Professor ins Hotel.«

»Nein«, sagte Mäxchen. »Wir müssen erst in den ›Krummen Würfel‹ und Bernhard beim Mittagessen verhaften. Der ist zehnmal schlimmer als der kahle Otto. Er war auch der falsche Kellner mit der weißen Jacke!«

Der Kommissar musste lachen. »Mäxchen macht alles, Mäxchen weiß alles! Also los, Wagen 3! In den ›Krummen Würfel‹!« Er schob sich neben den Fahrer und tastete nach seinem Revolver.

»Moment!«, rief Mäxchen hastig und beugte sich weit aus der Brusttasche. »Wagen 2 soll doch bitte meine Streichholzschachtel mitbringen! Sonst muss ich heute Abend im Himmelbett schlafen.«

»Das wäre ja entsetzlich«, sagte Inspektor Müller Zwo und stürmte mit seinen Leuten ins Haus.

»Worauf warten Sie noch?«, fragte der Kommissar den Fahrer vom Wagen 3. »Marsch marsch!«

»Marsch marsch geht nicht«, teilte der Fahrer mit. »Es steht ein Junge auf dem Trittbrett!«

Jakob guckte durchs Wagenfenster. »Bin ich nun zu Ananastörtchen eingeladen worden oder nicht?«

Mäxchen tat einen Seufzer, als sei es sein letzter oder mindestens der vorletzte. »Es ist eine Affenschande«, stammelte er. »Kaum bin ich aus dem Gröbsten heraus, und schon vergesse ich meine besten Freunde!«

Jakob Hurtig stieg flink ein. »Quatsch nicht, Krause!«

Der Wagen 1 war, mit dem kahlen Otto, auf dem Wege zum Polizeipräsidium. Der Wagen 3 jagte zum ›Krummen Würfel‹. Der Wagen 2 stand vorm Hause Nummer 12. Die Kickelhahnstraße und der grüne Kinderball lagen wieder genauso still wie vor einer halben Stunde.

Auf dem Pflaster glänzten die Scherben einer Schnapsflasche. Sonst hatte sich, wie es schien, nichts verändert.

Das einundzwanzigste Kapitel

Aufregung im ›Krummen Würfel‹ / Jakob wäre ein Kalbshaxenhotel lieber / Tränen und Training / Marzipan mit Gänsehaut / Scharfer Senf / Wer kriegt die Belohnung? / Mäxchen mimt den kahlen Otto / Wie heißt die kleinste fünfstellige Zahl?

Der ›Krumme Würfel‹ war kein feines Lokal, aber man aß gut. Dagegen ist nichts einzuwenden. Wenn die Suppe aus echter Fleischbrühe besteht, muss der Teller nicht aus echtem Porzellan sein. Meist ist es umgekehrt.

Die Gäste saßen und aßen an sauber gescheuerten Tischen, und es schmeckte ihnen. Nur Bernhard zog auch heute ein Gesicht. Die stramme Wirtin, die ihm den Nachtisch hinstellte, wunderte sich nicht weiter. »Es schmeckt wohl wieder nicht?«, fragte sie grimmig.

»Höchste Zeit, dass ich in Länder komme, wo man kochen kann«, antwortete er.

»Höchste Zeit, dass Sie nicht mehr in mein Lokal kommen!«,

194

sagte sie und nahm ihm den Nachtisch vor der Nase weg. (Es war übrigens Karamellpudding mit Himbeersaft.)

»Stellen Sie sofort die blöde Zittersülze wieder hin!«, befahl er kalt. Ihr kennt ja seine Kühlschrankstimme!

»Machen Sie sofort, dass Sie rauskommen!«, erwiderte sie ruhig. »Die zwei Portionen Eisbein für Ihren Kahlkopf sind reserviert. Dabei bleibt's. Aber Sie selber? Hinaus! Geld will ich nicht! Betrachten Sie sich als von mir eingeladen und hinausgefeuert! Hauen Sie ab, Sie widerlicher Galgenvogel!«

Bernhard griff wütend nach dem Teller.

Die Wirtin trat einen Schritt zurück und warf ihm den Teller mitten ins Gesicht.

Ob man Karamellpudding mit Himbeersaft mag, ist Geschmackssache. Ich selber, beispielsweise, mag ihn nicht. Aber mitten im Gesicht? Auf diese direkte Art schmeckt er keinem. Trotzdem streckte Bernhard die Zunge weit heraus und leckte eifrig den Himbeersaft auf, der ihm übers Gesicht rann. Er hatte Angst um sein weißes Hemd und den hellgrauen Anzug und die schicke Krawatte.

Der Pudding selber, ein wirklich vorzüglicher Pudding, klebte ihm im Haar und verkleisterte ihm die eisblauen Augen. Er fuhrwerkte mit allen zehn Fingern in der Luft und im Gesicht herum, tastete nach der Serviette, suchte in der Hose nach dem Taschentuch, und das alles machte die Sache natürlich nicht besser.

Die Gäste lachten. Die Wirtin lachte. Und als ein kleines Mädchen am Nebentisch rief: »Mutti, der Herr sieht aus wie ein Schwein!«, da kannte der allgemeine Jubel keine Grenzen mehr.

Doch mit einem Male wurden sie alle mucksmäuschenstill.

Was war denn plötzlich geschehen?

Bernhard schielte durch die verklebten Karamellwimpern, erschrak und hatte allen Grund dazu. Denn drei Männer standen um ihn versammelt und schienen ihn ganz und gar nicht komisch zu finden. Das Schlimmste war, dass sich aus der Brusttasche des einen Mannes ein kleiner Bekannter beugte, mit der Hand auf Bernhard zeigte und laut und vernehmlich erklärte: »Herr Kommissar, das ist er!«

Nachdem sie den bekleckerten Bernhard im Polizeipräsidium abgegeben hatten, sollte Mäxchen ins Hotel gefahren werden. Jakob Hurtig blieb am Wagen stehen und behauptete: »Ich möchte nicht länger stören.«

»Du kommst mit!«, sagte Mäxchen. »Wegen des Ananastörtchens und überhaupt.«

»Natürlich kommst du mit!«, sagte der Kommissar. »Ich muss mir doch deine Personalien aufschreiben und überhaupt!«

»Geht in Ordnung«, sagte Jakob. »Meine Eltern sind ja sowieso noch bei Tante Anna und dem Storch und überhaupt!«

Da lachten sie zu dritt und fuhren rasch ins Hotel.

Dort war, weil Inspektor Müller Zwo telefonisch Bescheid gegeben hatte, das gesamte Personal, vom Hoteldirektor bis zu den Pikkolos und Liftboys, bereits in der Halle angetreten und rief: »Hoch soll er leben! Hoch soll er leben! Dreimal hoch!« Die Telefonfräuleins stemmten große Blumensträuße in die Luft. Und der Chefkonditor streckte Mäxchen eine Ananastorte entgegen. Sie war so groß wie ein Ersatzreifen für ein Lastauto.

»Na, was hab ich dir gesagt?«, meinte der kleine Mann zu Jakob. »Ananastorte!«

Jakob verzog das Gesicht. »Gibt's denn hier nichts andres? Ist das etwa ein Ananashotel? Ein Kalbshaxenhotel wäre mir entschieden lieber.«

Mäxchen winkte dem Hoteldirektor. »Gibt es heute Kalbshaxen?«

»Mindestens drei Dutzend«, meinte der Direktor. »Zart wie Butter.«

»Wie viele willst du essen?«, fragte Mäxchen.

»Eine genügt«, erklärte Jakob. »Wenn's geht, mit Kartoffelsalat.«

»Sehr wohl. Eine Kalbshaxe mit Kartoffelsalat für den jungen Herrn«, wiederholte der Hoteldirektor.

»Nicht doch«, sagte Jakob. »Für mich!«

Rosa Marzipan fuhr mit Mäxchen im Lift hoch. Sie hielt den kleinen Mann mit beiden Händen fest und legte sein Gesicht zärtlich an ihre Marzipanwange.

»Weiß er's schon?«, fragte Mäxchen.

Sie nickte. »Seit fünf Minuten. Er wollte aber nicht in die Halle kommen.«

Der Lift bremste. Rosa ging den Korridor entlang und klopfte. »Wir sind's!«

Die Tür öffnete sich. Der Professor breitete beide Arme aus und sagte: »Herein mit euch!« Seine Stimme klang, als sei er erkältet.

Rosa schüttelte lächelnd den Kopf. »Ich kann Männer nicht weinen sehen. In einer Stunde hole ich euch wieder ab.« Dann drückte sie dem Jokus den kleinen Mann in die Hand, machte einen tiefen Knicks und lief zum Lift zurück. Fort war sie.

Als sie, eine Stunde später, ihr Ohr an die Tür legte, staunte das Ohr nicht schlecht. Von Schluchzen war wohl schon lange keine Rede mehr. Was Rosa hörte, waren Kommandorufe! Und wie sie behutsam die Tür öffnete, sah sie Mäxchen auf dem schönen Waldemar herumturnen. Er trainierte, was das Zeug hielt.

»Noch schneller, Söhnchen!«, befahl der Jokus. »Noch geschmeidiger! Du bist ja dick geworden! Der Kummerspeck muss weg! Was muss weg?«

»Der Kummerspeck!«

»Was muss weg?«

»Der Kummerspeck!«, juchzte Mäxchen und verschwand in Waldemars Krawatte. Schon löste sich der Knoten, und Mäxchen rutschte mit der Krawatte, von der Hand des Jokus unauffällig gelenkt, in dessen linke Tasche.

Der schöne Waldemar blickte stur geradeaus und hatte nichts gespürt. Rosa blickte durch die offene Tür und hatte nichts bemerkt. »Bravo, die Artisten!«, rief sie und klatschte in die Hände. Emma und Minna, die zwei Tauben, hüpften auf dem Schrank hin und her und schlugen begeistert mit den Flügeln.

»Noch zwei Trainingsstunden, und er ist fit«, sagte der Jokus befriedigt. »Am Freitag können wir wieder auftreten.«

Mäxchen fuhr mit dem Kopf aus der Tasche des Professors, wie der Teufel aus der Schachtel. »Das ist unmöglich, Euer Gnaden! Am Freitag fliege ich mit dem kahlen Otto und dem Puddingbernhard zum Señor Lopez nach Südamerika!«

»Das sind aber verwegene Namen«, meinte Rosa. »Da kriegt man ja überall Gänsehaut.«

Mäxchen rieb sich die Hände. »Zeig her! Marzipan mit Gänsehaut überall wollte ich schon immer mal sehen!«

Rosa zwinkerte dem Jokus zu. »Das Leben in Verbrecherkreisen scheint leider auf Herrn Pichelsteiner abgefärbt zu haben. Er ist frivol geworden.«

Jokus angelte Mäxchen aus der Tasche. »Ich stecke ihn in König Bileams Badewanne. Seife säubert Leib und Seele.«

Das Essen fand im Blauen Salon statt und verlief sogar zu Jakobs Zufriedenheit. Bei der Kalbshaxe traten ihm allerdings die Tränen in die Augen. Doch das lag nur an dem scharfen englischen Senf, den er noch nicht kannte. »Man lernt nicht aus«, sagte er und wedelte sich mit der Serviette kühle Luft in den aufgesperrten Mund.

Der Jokus verzehrte nicht vier Schnitzel, sondern nur zwei. Und auch das brauchte seine Zeit. Denn es gab mancherlei zu bereden. Mit Direktor Brausewetter wegen der Zirkusvorstellung am Freitag. Zwischendurch mit den Reportern draußen vorm Salon und am Telefon. Und nicht zuletzt mit Kommissar Steinbeiß, der, wenn auch spät, aus dem Polizeipräsidium herüberkam.

Die anderen saßen schon beim Nachtisch. »Oh, Ananastorte!«,

199

rief er begeistert. »Mein Leibgericht!« Und dann verputzte er drei immens große Stücke.

Mäxchen und Jakob fanden das sehr komisch. Doch sie wurden bald wieder ernst. Denn der Jokus fragte den Kommissar beim zweiten Stück Ananastorte: »Wer erhält nun eigentlich die von mir ausgesetzte Belohnung?«

»Der Jakob!«, meinte Mäxchen. »Das ist doch wohl klar wie dicke Tinte!«

»Ich? Wieso ich? Das wäre ja noch schöner«, widersprach Jakob. »Wenn mich Mäxchen nicht so gemein beschimpft hätte, säße ich nach wie vor am Fenster und wüsste von nichts. Genauso gut könnten Sie Ihr Geld dem kahlen Otto ins Gefängnis schicken. Denn schließlich war's ja er, der Mäxchen befreit hat!«

»Aber doch, ohne dass er's wusste«, stellte Direktor Brausewetter fest. »Er wollte Baldriantropfen holen, weiter nichts.«

»Und was wollte ich?«, fragte Jakob Hurtig. »Ich wollte weiter nichts als einen Schreihals verhauen.«

»Zwischen deinen Handflächen zerreiben!«, rief Mäxchen vergnügt. Er saß auf dem Tisch und ließ sich von Rosa mit Ananastorte füttern.

»Noch ein Häppchen?«, fragte sie.

Er schüttelte den Kopf. »Danke nein. Jetzt nur noch etwas Marzipan mit Gänsehaut!«

Sie drohte ihm mit der Kuchengabel. »Das ist nichts für kleine Jungen.«

»Ich weiß schon«, stichelte er. »Du hast die ganze Riesenportion für den Jokus reserviert.«

Da wurde Rosa rot. Aber außer Mäxchen sah es niemand.

Denn der Kommissar schob gerade den Teller zurück und erklärte energisch:»Dass der kleine Mann nicht verschleppt werden konnte, verdankt er sich selber. Er war der Gesuchte und der Finder in ein und derselben Person. Wenn mir jemand das Gegenteil beweist, werde ich noch heute Schornsteinfeger.«

Na, an einem so einschneidenden Berufswechsel wollten die anderen natürlich nicht schuld sein. Schon deshalb widersprach keiner, und es wurde noch ziemlich fidel. Mäxchen schoss den Vogel ab. Er imitierte den kahlen Otto, schwankte auf dem Tisch zwischen den Tellern und Tassen hin und her und gab dabei all das zum Besten, was der alte Trunkenbold Otto über den Señor Lopez, die Burg in Südamerika, die unterirdische Gemäldegalerie, die Zigeunerin, die Leibgarde und die niedlichen Ballettratten ausgepackt hatte.

Der Einzige, der über Mäxchens Meisterleistung nicht in einem fort lachte, sondern nur gelegentlich schmunzelte, war der Kriminalkommissar Steinbeiß. Er stenografierte alles mit, was der kleine Mann vortrug. Dann klappte er hörbar sein Notizbuch zu und verabschiedete sich rasch.»Ich muss die beiden Strolche noch ein paar Stunden ins Gebet nehmen«, sagte er.

»Bei Lopez ist sogar die Interpol machtlos«, rief ihm Mäxchen nach.»Der Mann ist viel zu reich!«

Der Kommissar, der schon in der Tür stand, stutzte und drehte sich noch einmal um.»Klein, aber oho!«, meinte er anerkennend.»Wie wär's? Willst du mein Assistent werden?«

Mäxchen machte eine elegante Verbeugung.»Nein, Herr Kommissar, ich bin und bleibe Artist.«

Als Jakob Hurtig hurtig ins Bett gehen wollte und seine Jacke über den Stuhl hängte, hörte er, wie in deren Innentasche Papier knisterte. Er entdeckte einen auf seinen Namen ausgestellten Verrechnungsscheck, las die Summe, flüsterte »Mensch, Meier!« und setzte sich auf die Bettkante.

Auch ein Zettel war dabei. Darauf stand: ›Lieber Jakob, herzlichen Dank für deine Hilfe. Deine neuen Freunde Mäxchen und Jokus.‹ Die Zahl bestand aus fünf Ziffern. Und wenn es sich auch nur um die kleinste fünfstellige Zahl handelte, die es gibt, so war es ja doch eine Menge Geld für einen Jungen, dessen Vater Bezirksvertreter für Anbaumöbel ist.

(Nur so ganz nebenbei: Wie heißt die kleinste fünfstellige Zahl, die es gibt?)

Als der Jokus mit Mäxchen ins Hotelzimmer kam, lag die alte, gute Streichholzschachtel mitten auf dem Nachttisch. Und unter der Schachtel lag ein Zettel. Darauf stand: ›Lieber kleiner Mann, anbei und wunschgemäß dein Himmelbett aus der Kickelhahnstraße. Müller II, Kriminalinspektor.‹

Mäxchen rieb sich die Hände und sagte: »Nun fehlt mir gar nichts mehr.«

Das zweiundzwanzigste Kapitel

Warum die Galavorstellung siebenundzwanzig Minuten länger dauerte / Direktor Brausewetter verliest drei Depeschen / Jakob ärgert sich kurz / Die Polizei verbeugt sich lange / Auftritt der Hauptpersonen / Jubel ohne Ende / Ende.

Am Freitag war Direktor Brausewetter so richtig in seinem Element. Das war wieder einmal ein Abend nach seinem Herzen! Am liebsten hätte er drei Paar schneeweiße Handschuhe übereinander gezogen und zwei Zylinder aufgesetzt! Es wurde allerdings auch eine Galavorstellung, die sich sehen lassen konnte. Auf so etwas verstand er sich, der Herr Brausewetter, Donnerbrausewetter noch einmal! (Oder gefällt euch ›Brausedonnerwetter noch einmal‹ besser?)

Das Programm dauerte siebenundzwanzig Minuten länger als üblich, und daran waren weder die Löwen noch die Elefanten schuld, und auch nicht die Artisten. Sie alle arbeiteten so präzis wie immer. Es lag an zweierlei.

Erstens verlas Herr Brausewetter einige der wichtigsten Glückwunschdepeschen, die Mäxchen erhalten hatte. An drei davon erinnere ich mich noch sehr gut. Der Turnverein hatte telegrafiert:

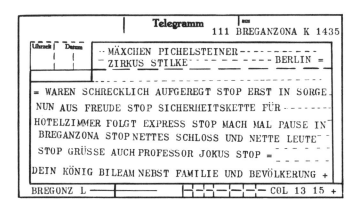

Telegramm

MÄXCHEN PICHELSTEINER....
. ZIRKUS STILKE ....
132 PICHELSTEIN T 13..................... BERLIN =

= HEIL UND SEGEN STANDEN WACHSAM IN HILFSSTELLUNG

WIE BEI RIESENWELLE MIT ABSCHLIESSENDER GRÄTSCHE

STOP BRAVO STOP SIND STOLZ AUF DICH STOP = - - - -

- - - - - - - ALLE PICHELSTEINER AUS PICHELSTEIN +

Leitvermerk 3

COL 13 15 +

7773AC PICH T

Aus dem Königreich Breganzona stammte die zweite Depesche. Sie imponierte dem Publikum ganz besonders. Denn sehr viele Könige gibt es ja nicht mehr. Da muss man sich ranhalten und für jedes Lebenszeichen dankbar sein. Das Telegramm lautete:

Telegramm

111 BREGANZONA K 1435

Uhrzeit Datum

·· MÄXCHEN PICHELSTEINER - - - - - - - - - -
- ZIRKUS STILKE - - - - - - - - - BERLIN =

= WAREN SCHRECKLICH AUFGEREGT STOP ERST IN SORGE
NUN AUS FREUDE STOP SICHERHEITSKETTE FÜR - - - - - - -
HOTELZIMMER FOLGT EXPRESS STOP MACH MAL PAUSE IN
BREGANZONA STOP NETTES SCHLOSS UND NETTE LEUTE
STOP GRÜSSE AUCH PROFESSOR JOKUS STOP = - - - - -
DEIN KÖNIG BILEAM NEBST FAMILIE UND BEVÖLKERUNG +

BREGONZ L - - - - - - - - - COL 13 15 +

Die dritte Depesche, an die ich mich erinnern kann, kam aus Hollywood. Die Filmgesellschaft, die sich schon einmal gemeldet hatte, kabelte:

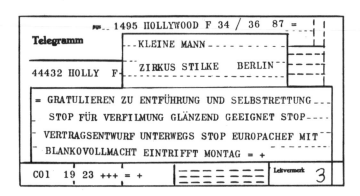

Zweitens stellte Direktor Brausewetter, bevor der Jokus und Mäxchen auftraten, die Ehrengäste des Abends vor, die in drei Logen saßen und von den Scheinwerfern angestrahlt wurden.

Zunächst einmal den Schüler Jakob Hurtig, der beim Applaus die Arme hochhob, die Hände verschränkte und sich nach allen Seiten, aus den Hüften heraus, verbeugte. Wie ein Ringkämpfer, der soeben den gefürchteten Baumfäller aus Minnesota auf die Schultern gelegt hat.

Dann setzte sich Jakob wieder hübsch brav zwischen seine lieben Eltern. »Sitz nicht so krumm!«, zischte die Mutter und knuffte ihn zwischen die Schulterblätter. (Na, das kennt man ja!)

Jakobs Gesicht umwölkte sich. Er rückte von ihr ab und flüs-

terte dem Vater zu: »Deine Gattin vergiftet leider den Ruhmes-
tag eures seit kurzem wohlhabenden Sohns. Findest du dies gehö-
rig oder ungehörig?«

Hurtig, der Ältere, biss sich auf die Lippen. Er hatte viel Sinn
für Jakobs blumigen Stil. Zum Antworten kam er freilich nicht.

Denn es gab schon wieder Beifall, weil Direktor Brausewetter die
Mannschaften der drei Polizeiwagen vorstellte, dann den Inspektor Müller Zwo und schließlich den Kriminalkommissar Steinbeiß
persönlich.

Kaum ließ der Applaus nach, gab es das nächste Tremolo. Eine
Gruppe junger Leute brüllte aus Leibeskräften: »Nun woll'n wir
noch den kahlen Otto sehn! Und den Puddingbernhard, die Kanaille!« Und weil alle Zuschauer Zeitung gelesen und Rundfunk
gehört hatten, wackelte das Riesenzelt vor Gelächter. Es war ein
Heidenspaß. Denn es wusste ja jeder, dass Otto und Bernhard,
weil sie hinter Schloss und Riegel saßen, im Zirkus nicht herum-
gezeigt werden konnten.

Plötzlich machte Direktor Brausewetter eine beschwörende

Geste. Und es wurde so still wie in der mittelsten Mitte eines Taifuns. Alle wussten, was jetzt käme und wer jetzt käme. Man hätte eine Fliege stolpern gehört, wenn eine gestolpert wäre. Aber es stolperte keine.

»Jetzt, meine Damen und Herren«, rief Direktor Brausewetter, »jetzt endlich werden Sie ihn selber wieder sehen, begrüßen und bewundern können, Ihren und unseren und aller Liebling, ihn, den kleinsten großen Helden der Kriminalgeschichte, ihn, den größten kleinen Artisten der Zirkuswelt, ihn und seinen väterlichen Mentor Jokus von Pokus, den Professor und Geheimrat für angewandte Magie! Der Beifall, das weiß ich im Voraus, wird ohne Beispiel sein. Haben Sie keine Sorge! Wer sich dabei die Hände bricht, erhält nach Schluss der Vorstellung an der Hauptkasse ein Paar neue!«

Brausewetter stieß den rechten Arm senkrecht in die Luft. Wie ein Reitergeneral, der das Signal zum Kavallerieangriff gibt. Dann galoppierte er, wenn auch völlig ohne Pferd, aus der Manege.

Das Orchester spielte, mit Donner und Blech, einen unüberhörbaren Tusch.

Und in der Zeltgasse erschien, elastisch und elegant wie immer, Professor Jokus von Pokus. Auf der ausgestreckten Hand stand Mäxchen und grüßte lächelnd nach allen Seiten. Aber was soll ich noch lange erzählen? Der Jubel nahm jedenfalls, im Gegensatz zu diesem Buch, kein

ENDE